统计科普丛书

WUCHUBUZAI DE TONGJI

无处不在的统计（四）

中国统计学会 编

中国统计出版社
China Statistics Press

图书在版编目(CIP)数据

无处不在的统计. 4 / 中国统计学会编. — 北京 :
中国统计出版社, 2014.9
(统计科普丛书)
ISBN 978—7—5037—7201—6

Ⅰ. ①无… Ⅱ. ①中… Ⅲ. ①统计学—普及读物
Ⅳ. ①C8—49

中国版本图书馆 CIP 数据核字(2014)第 182612 号

无处不在的统计(四)

作　　者/中国统计学会
责任编辑/陈悟朝　徐　颖
封面设计/杨　超　李雪燕
出版发行/中国统计出版社
通信地址/北京市丰台区西三环南路甲 6 号　邮政编码/100073
电　　话/邮购(010)63376909　书店(010)68783171
网　　址/http://csp.stats.gov.cn
印　　刷/河北天普润印刷厂
经　　销/新华书店
开　　本/710×1000mm　1/16
字　　数/100 千字
印　　张/9.5
版　　别/2014 年 9 月第 1 版
版　　次/2014 年 9 月第 1 次印刷
定　　价/28.00 元

《无处不在的统计(四)》
编委会

编者的话

2011年统计科普读物《无处不在的统计》问世，接下来连续两年相继出版《无处不在的统计（二）》和《无处不在的统计（三）》。该套丛书受到各方读者出乎意料的喜爱。现在这本《无处不在的统计（四）》将在2014年9月中国统计开放日如期呈现在读者面前。

本书是“统计科普丛书”的第四本，通过阅读，您会感觉与统计更贴近了。一是与统计工作重点更贴近。例如大家耳熟能详的大数据，通过书中作者的解读，可以对大数据在当前政府统计中的应用状况、为何大数据让统计“火”了起来有一个更清晰的了解。二是与统计实际工作更贴近。例如大家都在关注小康问题，何为小康？小康指数如何得来？我们距全面建成小康社会有多远？通过此书，您一定可以找到答案；再例如，2014年城镇住户调查和农村住户调查合并为城乡和住户调查，为什么合并，合并后有哪些内容？都可以在书中找到答案。三是与百姓生活更贴近。本书涵盖了大量统计学在实际生活中应用的例子，例如许多城市机动车限行，作者运用频数统计法告诉您哪个尾号的机动车相对少堵车；再例如，用统计的视角解读降水概率，希望能为大家读懂天气做点什么。这些文章会让读者在阅读中品味到统计的魅力，感受到统计无处不在。

撰写科普文章，实际上是一件相当难的创作过程，既要让外行人看得懂、又要让内行人不笑话，把深奥而复杂的统计知识化为通俗易懂的科普文章，是作者专业和语言功力的体现。感谢四年来为我们撰稿的作者，有你们，我们这套科普丛书才能有一、二、三、四；有你们，读者才能够从中品位统计之魅力。

在本书编辑过程中我们尽力做到认真、严谨，但由于时间仓促、水平有限，难免存在疏漏和不足之处，欢迎广大专家和读者对本书的不足之处提出批评和建议。

目录

走近大数据

潘　璠/文

大数据作为一个词语和现象，在今天已经耳熟能详、脍炙人口。但是，倒退到两年前，我们对此又有多少关注和了解呢？数据无处不在，大数据的影响则正在与日俱增，走近大数据、认识大数据、应用大数据，对我们把握好这个世界的特点和规律、并科学地决策和抉择，具有重要的现实意义。

由两幅曲线图说起

曾经有两幅曲线图形象地反映了大数据受关注的程度，即谷歌和百度以“大数据”为关键词的搜索曲线图。前者在2011年到2012年的时段，后者在2012年到2013年的时段，都有一个明显、甚至可以说是陡然的上升趋势。无疑，上升的曲线表明，大数据的炙手可热其实只是近两年的事情。而作为最大的中文搜索引擎，百度曲线的变化，表明大数据火在中国，或只是近一年多的事情。两条曲线的对比表明，以“大数据”作为关键词进行搜索，其曲线的陡然上升，中文比英文慢了大约半年到一年的时间。但是，在中文搜索曲线陡然上升的同时，统计工作中有关大数据的应用研究也已经同步开始了。

2012 年 8 月 23 日，来自于新加坡的时任联合国统计司司长张保罗先生，在中国国家统计局作了一场题为《海量数据、社会调查和官方统计：改进数据来源》的报告。那是笔者第一次正式地、真正地意识到“大数据”是一个具有特殊意义的概念。后来，我们走访了商务部、国家测绘局等政府部门，到百度、淘宝、腾讯、华为、苏宁、1 号店、58 同城、京东商城、天脉聚源、擎天科技、天云融创、S. CN 鞋业等知名企业，与国内诸多业界知名专家、多位美籍华裔专家进行了探讨请教，聆听了大数据代表性论著《大数据》作者涂子沛先生、《大数据时代》作者舍恩伯格先生的讲座，一点点地解开了大数据的神秘面纱。

“大数据”作为一个词语，或许是一个发现，而不是一个发明。但是，“大数据”作为一种现象，或是许多发明的结果、聚集和延续，是科学技术、生产力水平发展到一定程度后的一种必然。银行系统有海量的储户个人信息及存储信息；商场超市有海量的商品信息及其价格信息；机场记录着许多乘客的出行情况；医院记录着许多病人的检查和治疗情况；门户网站每一条新闻下面的留言，汇集成对许多现象和问题的民意；实名注册微博中的喜怒哀乐，则都是情感和态度的表达；百度、谷歌引擎的每一次使用，都可以说明 IP 那端键盘操作者到底想要什么；透过大气层中弥漫着的无数手机短信，足以掌握无数手机使用者“打死也不说”的秘密。从我们不变的属性到可变的态度，很多很多都已经在一不留神之间，汇入了浩瀚的大数据洪流之中。

在与多位华裔美国学者、专家、官员座谈时，他们说，以往历次技术革命，中国跟在别人后面亦步亦趋。而大数据时代来了，大家的起点都差不多。中国能不能在大数据应用方面与发达国家并驾齐驱、乃至作出一些贡献呢？这些在座的专家学者里面，就有著名的《大数据》一书的作者涂子沛先生。他曾是中国大陆基层政府的一名工作人员，后来去了美国，在最恰当的时候写出了这样一本书籍。座谈之后，我们也请他做了一场报告。而半年之后，再请他作报告就非常困难了。据《中国青年报》报道，涂子沛 2013 年 6 月进行第 4 次国内巡讲之旅时，连早餐时间都已经被占满了。6 月 16 日，他在招商银行深圳总部大楼与刚卸任的原行长马蔚华共进早餐。从《大数据》一书出版后，每当这位在美国供职的中国程序员回到国内，都会受到热烈追捧。和马蔚华共进早餐的第二天，他在江苏常州就“教育与大数据”的话题进行了一场听众超过 1000 人的讲座。其间，他与国泰君安证券股份有限公司董事长万建华吃了一顿午饭。这时，要请他讲课，只能找他的秘书安排了。这个变化，恰恰是大数据现象快速发展变化的一个缩影。

不说不做也难，因为已经唯此为大

一年多以前，我们刚刚开始研究大数据及其对统计数据和统计工作带来的影响时，一位年轻同仁在笔者的博客上留下一段英文：“Big data is like teenage sex：everyone talks about it， nobody really knows how to do it, everyone thinks everyone else is doing it, so everyone claims they are doing it.” 意思是“大数据就像是青少年性行为：每个人都在谈论它，没有人真的知道如何去做，每个人都认为别人在做，所以每个人都声称他们正在做它。”于是，笔者回复：“很经典，但是不说不做也难，因为已经唯此为大了。”

2013 年 10 月，我们召开以大数据为主题的科学讨论会时，有一位代表说：“那么多专家讲了一天，连大数据的概念都还没搞清。”我说：“不对，大家都是从不同的角度对这个概念进行诠释，如同说到‘文化’这个概念，马上问一百个人，难道能够得出一个统一的答案吗？也许一百个人就有一百个答案。但这并不意味着大家对这个概念没有一种相差无几的共识。大数据也一样。”

对大数据现象和概念追根溯源，大致可以分为三个阶段。

一是 20 世纪 80 年代至 90 年代中期，是大数据认知的萌芽阶段。1980 年，美国著名未来学家阿尔文·托夫勒在《第三次浪潮》一书中将大数据盛赞为“第三次浪潮的华彩乐章”。1996 年，美通社（PR Newswire Inc.）在介绍高性能平行节点技术时也提到中央处理器集群以及大数据应用。这时提到的大数据，仅是字面意义，仅指数据量大，并不涉及类型、存储方式、处理技术等。

二是 20 世纪 90 年代中期到 21 世纪前 10 年是大数据广受各界关注的阶段。数量经济学家迪博尔德（Diebold）2000 年在《大数据，宏观经济度量与预测动态因素模型》一文中，讨论了如何使用大数据进行经济度量和预测。美国高德纳（Gartner Group）公司的分析师道格拉斯·兰尼（Douglas Laney）2001 年首次从大数据特征的角度对大数据进行了相对明确的定义，他强调大数据必须具备3V特征，即容量大（Volume）、多样化（Variety）和速度快（Velocity）。

三是2010年至今，是大数据战略应用被提上日程并迅速发展的阶段。2010年，美国总统科学技术顾问委员会在呈给奥巴马总统和国会的报告《规划数字化的未来》中，要求联邦政府的每一个机构和部门，都需要制定一个应对大数据的战略。2011年，麦肯锡公司发布报告《大数据：创新、竞争和生产力的下一个前沿》，提出了政府和企业决策者应对大数据发展的策略。2012年1月，瑞士达沃斯世界经济论坛发布报告《大数据大影响》称，大数据已经成为一种新的经济资产类别，就像货币或黄金一样。2012年3月29日，美国奥巴马政府颁布《大数据的研究和发展计划》，拟通过提高从大型复杂数据集中提取知识和观点的能力，进而加快美国科技进步的步伐。2012年5月，联合国秘书长执行办公室发布报告《大数据促发展：挑战与机遇》，系统给出了在应用过程中正确运用大数据的策略建议。2012年6月，经合组织OECD召开统计委员会第9届会议，发布《使用大数据作决策》研究报告，特别分析了大数据对官方统计带来的各种挑战。

2012年，中国计算机协会决定成立“大数据专家委员会”，推动大数据的发展。2012年6月，阿里巴巴集团宣布，将在集团层面设立首席数据官，负责全面推进“数据分享平台”战略。2012年7月，“第二届大数据世界论坛”在北京召开。2012年7月，首届中国大数据应用论坛在北京大学召开。2012年12月，广东省宣布实施大数据战略，继而宣布成立大数据管理局。2013年7月，“大数据时代统计学：机遇与挑战——中国统计学高端论坛”在上海财经大学举办。全国统计学专家学者齐聚一堂，共同探讨在大数据时代统计学面临的机遇与挑战。2013年，第十七次全国统计科学讨论会在杭州举行，会议主题是“大数据背景下的统计”，这是国内第一次研究大数据与统计工作的科学研讨会。2013年11月19日，国家统计局与阿里巴巴、百度等11家企业签署大数据战略合作框架协议，共同在分享、开发、利用大数据方面进行合作，以推动大数据实现大价值，使之更好地服务于社会。这标志着在统计工作中应用大数据，已经从研究转向实操层面。

大数据大在哪里

有一个字节换算公式：

1KB（Kibibyte，千字节）＝1024B；

1MB（Mebibyte，兆字节，简称“兆”）＝1024KB；

1GB（Gigabyte，吉字节，又称“千兆”）＝1024MB；

1TB（Terabyte，万亿字节或太字节）＝1024GB；

1PB（Petabyte，千万亿字节或拍字节）＝1024TB；

1EB（Exabyte，百亿亿字节或艾字节）＝1024PB；

1ZB（Zettabyte，十万亿亿字节或泽字节）＝ 1024 EB；

1YB（Yottabyte，一亿亿亿字节或尧字节）＝ 1024 ZB；

1BB（Brontobyte，一千亿亿亿字节）＝ 1024 YB。

麦肯锡在全球研究所报告称，大数据是指大小超出传统数据库软件工具抓取、存储、管理和分析能力的数据群。1979年成立于美国马萨诸塞州霍普金市的EMC公司认为，大数据中的“大”是指大型数据集，一般在10TB规模左右；多用户把多个数据集放在一起，形成 PB 级的数据量。维基百科（Wikipedia）的表述是，大数据是难以用现有数据库管理工具处理的兼具海量和复杂性特征的数据集成。涂子沛将大数据定义为那些大小已经超出传统意义上的尺度，一般的软件工具难以捕捉、存储、管理和分析的数据，大数据的数量级应该是“太字节”。工信部电信研究院 2014 年 5 月发布的大数据白皮书称，大数据是具有体量大、结构多样、时效强等特征的数据。我们的同仁在研究中提出，大数据是指采用多种数据收集方式，汇集不同数据源，通过采用现代信息技术和架构能够高速分析处理的、具有高度应用价值和决策支持功能的多种类型数据及其技术集成。

从存在形态看，大数据分为可以用二维表反映的结构化数据和不能以二维表反映的非结构化数据，如音频、视频、图片等；从数据来源看，大数据可分为行政记录数据、商业记录数据、互联网及搜索引擎数据三大类。大数据的特征，从最初的 3V 已经被归纳为 6V 加 1C，即数据体量大（Volume）、类型多样化（Variety）、处理速度快（Velocity）、应用价值大（Value）、数据获取与发送的方式自由灵活（Vender）、准确性（Veracity）及处理和分析难度非常大（Complexity）。

从“喝醉的海盗”到斯诺登的“泄密”

舍恩伯格先生告诉我们这样一个故事：史黛西·施奈德（Stacy Snyder）梦想成为一名教师。2006 年春天，她完成了自己的学业，并对未来充满期待。但她心仪的学校明确拒绝她，理由是她的行为与一名教师不相称，因为她的个人网页上有一张取名“喝醉的海盗”的照片。照片里的她头戴一顶海盗帽子，举着塑料杯轻轻啜饮着。学校里的一位教师发现了这张照片，并上报给校方，校方认为网上的这张照片是不符合教师这个职业的，因为学生可能会因看到教师喝酒的照片而受到不良影响。于是，史黛西打算将这张照片从她的个人网页上删除，但她的个人网页已经被搜索引擎编录，照片也已经被网络爬虫（Web Crawler）程序存档。

而斯诺登披露的棱镜门事件更加清晰地揭示，当我们个人的行动乃至心动都融入浩瀚的大数据洪流、成为其中的一个细小浪花之后，一切已经皆在掌握之中。当人们揣着手机从一个地区到达另一个地区，马上会接到来自运营商的欢迎短信。而每一部手机都是名副其实的跟踪器和定位仪，可以精确锁定到某一座建筑物内。如果调查者和运营商联手，时间分配利用调查不用填写问卷，就可以既精准又及时地掌握所需要的信息。当人们通过博客、微博、微信、飞信表达自己情感上的喜怒哀乐时，通过网上留言、跟帖表达自己对不同事物的态度和意愿时，通过输入关键词搜索自己需要和感兴趣的结果时，不仅留下了不可磨灭的痕迹，也为后台的汇总与分析提供了最具基础性的依据。当人们坐在电脑前轻点鼠标、轻松完成一次又一次购物的时候，不仅切实感受到网购商品的物美价廉，还能享受到送货上门的方便和快捷。但与此同时，每一个网购者也不得不把自己的银行账号及其他相关信息，交给一双或几双看不见的手去掌握、控制和操作……

尽管如此，人类社会毕竟还是要向前发展的，我们不可能再退回到没有网络、没有手机的年代。其实，即使倒退半个世纪，隐私安全问题也依然存在。因为我们毕竟要到银行存款，到医院看病，通过邮局寄信，通过单位电话或公用电话沟通。而对很多自动生成的大数据信息进行搜集处理，可以生成很多有价值的统计信息。如通过对网上交易情况的处理，可以得出很多价格和交易方面的信息；对大量临床电子病历的处理，可以进行流行病学分析，并进行医学研究；对工资收入信息的汇总分析，可以为收入分配制度的调整提供有价值的依据；……因此，法律既要保障这些合法的开发利用，也要明确指出在此过程中，个人和企业信息既不得向国家统计部门以外的任何第三方提供，也不得用来对个人和企业进行处罚，更不得对社会发布。法律要细化处罚条款。一旦发生上述情况，不仅必须承担法律责任，而且要付出一生付不起的代价。

电影搜索曲线与电影票房曲线高度相似

美国麻省理工学院承担的“十亿价格项目”（Billion Price Project），基于学术研究方法对全世界海量网上零售价格进行价格指数计算。每天实时收取50万条互联网上的商品信息，是美国政府统计收集的5倍。由于“每日网上价格指数”每天更新，研究人员和政策制定者在官方统计数据发布之前就能够依此判断价格涨跌趋势。该指数并非用于预测官方公布的通货膨胀率，而是为判断通货膨胀趋势提供实时信息。2008年9月美国雷曼倒闭时，“每日网上价格指数”很快显示出价格下降的趋势，而官方统计的CPI直到11月才显示出下降趋势。

联合国全球脉冲计划与Crimson Hexagon分析公司合作，分析了美国和印度尼西亚1400万Twitter用户中与食物、燃料和住房相关的数据，以更好地理解人们关注点。分析者以“负担（afford）”等为关键词，根据人们交谈主题和关键词数量的变动情况研究人们的行为特点。结果发现，印度尼西亚 Twitter 用户提到大米价格的数量变化与官方公布的实际食品价格通货膨胀指数密切相关。

类似的例子还有很多。如 2012 年，谷歌的电影搜索曲线与电影票房曲线高度相似；巴西发生登革热时，谷歌关于该病的搜索曲线与该病实际发生的曲线高度一致；社交平台 Twitter 上人们交流时的情绪变化曲线，与道琼斯股票的指数变化曲线高度相关，不知是情绪影响了股市还是股市影响了情绪，或两者互为影响；新加坡各大商场超市的电子交易记录已经全部向其国家统计局提供，统计局据此计算消费价格指数即 CPI，而不必到现场采价。

国内最典型的例子，就是马云的阿里巴巴集团推出的淘宝网络零售价格指数（简称淘宝 ISPI）。在阿里巴巴公司的淘宝网上，许许多多的店主开了许许多多的网店，经营着各种各样的商品。于是，一个综合性的淘宝价格指数就应运而生。采用淘宝商品小类目平均价格，权重是淘宝网支付宝成交金额的比例。结果显示，淘宝价格指数曲线与统计部门的商品零售价格指数曲线高度相似，但因为是实时的，所以淘宝曲线趋势的出现要早于统计部门的价格指数曲线。随着大数据的规模不断扩大，或许会不断应运而生一个又一个“淘宝”指数。

随着大数据时代的到来，政府统计部门不再是唯一的海量数据拥有者。互联网上每时每刻都生成了大量的交易和价格信息。你看还是不看，数据就在那里。你用还是不用，数据越来越多。大数据是一场大变革。应对大数据带来的挑战，统计工作需要变革和创新。

应用大数据，中国统计在行动

2013 年 10 月底，国家统计局在天津召开了一个以官方统计为主题的国际研讨会。到会的有不少国家的统计局长和国际组织的统计部门负责人。当我们的研究人员介绍了大数据的研究和应用情况后，外国老伙伴们都惊呆了。他们说，没想到中国已经作了这么多工作。

如今，我们对大数据的应用与研究已延伸到统计多个领域。

在 CPI 统计中，正在研究与网店合作，取得网上的价格数据，并尝试建立商场、超市、医院等实行电子计价的采价点向统计部门报送交易记录的制度。

在 PPI 统计中，正在与有关大数据企业合作，已经按旬共同向社会发布流通领域 9 大类 50 种重要生产资料市场价格的监测结果。

在工资和收入统计中，有的地方统计部门已经建立了涵盖诸多政府部门行政记录的数据库，为利用税务、银行等部门行政记录的分析，评估居民收入、工资等数据创造了条件。

在商业统计中，已经将网上零售交易纳入统计范围，并于2014年4月首次发布了限额以上单位网上零售额数据。

在农业统计中，利用地理信息系统与遥感数据，已经对农作物播种面积数据的确定起到了至关重要的作用。我们在地上坐地日行八万里，小卫星在天上巡天遥看一千河，可以把地面上的一切看得清清楚楚、明明白白。

在经济预测中，正在与百度等有关公司合作，研究运用关键词搜索技术，以及其他基于大数据生成的统计数据，对经济形势进行判断、分析和预测。涉及的内容既可以包括经济总量、价格等综合性指标，也可以包括某些具体产品的常量等。

春江水暖鸭先知，得大数据者得天下。在大数据与日俱增的情况下，必然有越来越多的大数据转化成统计数据，并在此过程中实现更大的社会价值。

作者简介：

潘璠，经济学博士，国家统计局统计科学研究所所长、高级统计师，中国统计学会副会长、秘书长。

得大数据分析者得天下

石方川/文

早在1903年，被称为“科幻小说之父”的作家和思想家赫伯特·乔治·威尔斯就曾经预言，在未来社会，统计学思维将像阅读能力一样成为社会人必不可少的能力。在100多年后的今天，大数据时代的来临使那些率先运用统计思维进行数据分析和数据挖掘者成为宠儿，也让人们对统计刮目相看。

大数据分析让德国队“牛”起来

尽管2014年的世界杯以德国夺冠而完美谢幕，但人们仍不能忘记7月8日巴西对阵德国的半决赛一战，五届世界冠军巴西竟然以1：7的悬殊比分败下阵来，世界一片哗然。是什么“秘密武器”帮助德国战车走得如此之远？科学的大数据分析，助德国赢得了这场胜利。据介绍，为了准备与南美球队的比赛，德国队与科隆大学用两年时间建立了一个巨大的数据库。研究人员把巴西队所有的数据和信息都收集起来，如参加的每场比赛、报纸上的每篇报道、来自其他球探的消息等；再根据这些基础数据分析球员习惯的跑动路线、在被罚犯规后如何反应等，从中发现了很多极具价值的信息，据此制定比赛策略。

用大数据说话，即运用大数据进行分析和预测是这次世界杯的一大亮点。点球成功率最高的区域在哪里？美国娱乐和体育节目网对历届世界杯计罚情况进行分析，得出球门右上角是点球成功率最高区域的结论。大数据分析显示，历届世界杯共计罚了 361 粒点球，其中命中 270 个，命中率刚好达到 75%，也就是说每罚 4 个点球就会有一个球不进。如果把球门平均分成 9 个部分的话，主罚者眼中的球门右上角是点球成功率最高的区域。在世界杯的点球大战中，射向这个角度的点球有 88% 都能命中。而命中率最低的区域，则是球门正上方，成功率仅为 55%。

上届世界杯，人们还津津乐道地用章鱼保罗对比赛结果进行预测，而这次世界杯赛事的预测则完全被大数据所取代。为

展示自己在大数据分析方面的实力，谷歌、百度、微软、高盛等公司都推出了比赛结果预测平台，其中百度以 94%的准确率夺得头筹。百度通过搜集过去 5 年 987 支球队的 3.7 万场比赛数据，分析了 2.96 万名球员、11228.55 万条相关数据，构建足球赛事预测模型，用其预测比赛结果。其预测全程 64 场比赛的准确率为 67%，进入淘汰赛后准确率为 94%。

如今的世界杯已不仅是体力、技术与战术之战，更像是一场大数据分析之战。

大数据分析让数据“活”起来

当世界进入互联网时代，人们在网上的一举一动均被记载下来汇集成为海量的数据。海量的数据有多大？美国英特尔公司用一组数据形象地展示了互联网一分钟所发生的事情：全球发出了 2.04 亿封邮件，4.7 万个执行程序被下载，“推特”新增超过 320 个账户和 10 万条微博，谷歌搜索超过 200 万次，亚马逊卖出 8.3 万美元的物品，视频共享网站 Youtube 的视频被查看 130 万次……。一分钟，地球上传送数据的总量约为 64000GB，这还是 2013 年初的数据。但是这些海量数据本身杂乱无章且没有任何意义，如何让“死”数据“活”起来？人们发现，通过对这些海量数据进行专业化处理和分析之后，大数据产生了大价值。

沃尔玛是最早运用大数据分析而受益的企业之一，尿布和啤酒的故事是其经典之作。近年来，研究机构纷纷运用数学模型对大数据进行挖掘和分析，在多个领域取得了令人震惊的结果。在宏观层面，大数据可用于预测经济，提高决策能力。如

IBM日本公司建立经济指标预测系统，从互联网中搜索出影响制造业的480个经济数据对采购经理人指数进行预测。印第安纳大学利用谷歌公司提供的心情分析工具，从近千万条网民留言中归纳出6种心情对道琼斯工业指数的变化进行预测，准确率达到87%。在中观层面，通过对某一领域进行大数据分析，可实现更大的商业价值。如德国供电公司通过智能电表每隔15分钟收集一次数据，推断出在未来2～3个月的用电情况，从而制定不同的电价来平抑用电高峰和低谷。在微观方面，大数据分析可以帮助蛋糕师知道在什么时间做什么蛋糕，从而提升面包店的利润；大数据分析可以在获取消费者购买商品时，根据买方的年龄、性别等个人特征信息为其推荐相匹配的商品。如今，人们已经充分意识到大数据分析的价值所在，纷纷在各个领域抢占市场。

据麦肯锡测算，大数据产业每年将为美国医疗系统带来3000亿美元的收益；为欧洲公共管理部门带来2500亿欧元的净收入；为世界零售业增加30%的纯利润；为全球制造业减少50%的产品研发等成本；而个人地理位置信息的利用，也将为服务商带来超过1000亿美元的收益，为“地球村”用户带来超过7000亿美元的价值。

这一切的一切，均得益于大数据分析。

大数据时代让统计“火”起来

谷歌首席经济学家哈尔·范里安博士在2009年初称：我一直坚信，未来10年最受欢迎的职业是统计。

果不其然，大数据时代，不仅带“火”了统计，也带“火”

了统计学专业和统计人才。一直以来，在学科分类中，统计学被列入一级学科——应用经济学的名下；2011年，统计学与数学、应用经济学平起平坐，成为一级学科。2014年许多高校看到这一发展趋势，纷纷开设了统计学专业。北京航空航天大学高考招生新增3个本科专业，其中一门是统计学；北京工商大学新增了中外合作办学的统计学专业；北方交通大学新增了统计学等两个专业……

随着大数据时代的来临，统计分析人才也成为炙手可热的“香饽饽”。麦肯锡公司预测，美国到2018年需要深度数据分析人才44万～49万人，缺口14万～19万人；需要既熟悉本单位需求又了解大数据技术与应用的管理者150万人。

有人说，21世纪是统计学的世纪。因为统计学是关于数据的科学，即研究如何收集、整理和分析数据的科学。不管你是否承认，在未来的日子里，必将是得大数据分析者得天下。

作者简介：

石方川，国家统计局统计科学研究所副所长。

从ICP结果引发“统计地震”说起

余芳东/文

2014年4月底，世界银行发布2011年国际比较项目（ICP）结果（包括全球199个经济体购买力平价（PPP）、价格水平指数（PLI）、国内生产总值（GDP）及其消费、投资等主要支出构成总量和人均物量指标国际比较数据），以新发布的PPP作为货币转换因子和空间价格缩减指数显示，我国与美国的GDP总物量差距大大缩小，预计2014年可能超过美国，成为世界第一大经济体。中国、印度、俄罗斯、巴西、印度尼西亚5个新兴和发展中国家进入世界10个最大经济体行列，经济物量总规模占据世界半壁江山，与发达国家平分秋色。此信息一发布，在国际社会引起不小的“统计地震”效应。

回顾1993年、2005年、2011年最近三轮ICP比较结果，发展中国家的购买力平价和GDP物量比较数据好似“过山车”，出现陡降、降升的颠覆性变化。与1993年相比，2005年PPP

结果大幅上调，GDP物量大幅下调；而与2005年相比，2011年PPP结果大幅下调，GDP物量则大幅上调。其调整幅度之大、范围之广，远超出可接受的统计误差范围，故而数据结果让人有些困惑和费解。新发布的ICP结果，对传统数据和已有认识形成巨大挑战，引起国际社会的广泛争议，甚至质疑世界银行实施ICP项目的必要性和现实意义。我们应该如何理解国际比较项目？如何看待购买力平价方法？

ICP项目自1968年实施以来，大约每隔6年调查一次，现已完成了8轮的比较报告。第8轮ICP项目以2011年为调查基准年，从项目启动到比较结果公布，耗时5年多。该项目在全球分经合组织和欧盟、亚太地区、非洲地区、独联体、拉美地区、西亚地区、加勒比海地区、太平洋岛国8个区域进行比较，有199个国家和地区参加，覆盖世界人口的98%。各参加国家和地区按统一的调查方案、标准、时间收集数据，按统一程序审核数据质量，按统一方法进行汇总和测算。其目的是综合衡量各国家和地区的价格水平，测算其购买力平价（PPP），以此作为货币转换因子和空间价格缩减指数，剔除各国间价格水平差异因素，比较各国和各地区GDP及其支出构成总量和人均物量指标。世界银行2011年ICP结果报告显示，各国和地区间价格水平存在较大差异，基于PPP转换和缩减的GDP及其主要支出构成总量和人均物量指标差距较大，世界经济发展依然不平衡。2011年，以世界为100，价格总水平指数最高的是瑞士，最低的是埃及。按PPP法计算，GDP总物量居世界前10位的国家是美国、中国、印度、日本、德国、俄罗斯、巴西、法国、英国、印度尼西亚；人均GDP物量最高的前10位国家和地区是卡塔尔、中国澳门、卢森堡、科威特、文莱、新加坡、挪威、阿联酋、百慕大、瑞士、中国香港。需要注意的是，发展中国家购买力平价低于汇价，价格水平相对较低，以此缩减的GDP及其支出总量和人均物量指标要高于汇率法。而发达国家购买力平价高于汇价，价格水平相对较高，按PPP法计算的结果则要低于汇率法。在国际比较中，PPP法反映在剔除价格水平差异因素之后，以本国实际购买能力衡量的GDP及支出总量和人均水平，强调统计物量意义上可比性和空间横向之间的相对关系，它不具有市场可支付的购买能力；而汇率法反映具有国际支付能力的GDP支出总量和人均水平，强调国际可支付的购买能力。两种方法有着不同研究目的和用途，不可相互混淆，更不可相互替代。

我国全面参加了世界银行组织的2011年国际比较项目调查活动，根据全球ICP组织管理，在亚太区域调查框架下，调查了850多种居民消费规格品价格、100多种机械设备价格、46种建筑项目投入品价格、50多种房租、38种政府职务薪酬和GDP支出等155项基本分类支出数据。先由亚行对亚太区域23个经济体的数据进行比较，测算以港币为基准货币的区域PPP；然后由世界银行把各区域的PPP结果链接为以美元为基准货币的全球PPP。据世界银行推算，2011年，我国购买力平价为1美元等于3.506元人民币，价格总水平相当于世界平均水平的70%，大体相当于美国的54%。剔除价格水平差异因素之后，我国GDP总物量占世界的比重为14.9%，居世界第2位，相当于美国的87%；人均GDP物量相当于世界平均水平的75%，居世界第99位；人均居民实际消费支出物量相当于世界平均水平的50%，居世界第121位；固定资本形成总额物量占世界总额的27.1%，居世界第1位。国际比较分析表明，我国经济总物量规模较大，但人均物量水平较低，受低消费、高投资支出结构影响，人均居民实际消费支出物量水平相对较低，发展中大国的特征十分明显。

研究表明，我国价格水平的国际差距可以从多个方面解释背后的原因，有其内在的经济意义。世界银行推算的我国 PPP 结果有合理的一面，推算的价格水平大体符合我国现阶段经济发展水平，反映了我国通货膨胀和人民币升值趋势。以物量指标衡量的人均 GDP 和人均居民消费支出较低，国际地位较为落后，还有相当规模的贫困人口，表明我国仍然是发展中大国。

鉴于世界银行 2011 年 ICP 项目数据、方法和结果仍有一定的局限，中国不认可其为官方统计结果。购买力平价是在各国和地区千种规格品价格和百余种 GDP 支出基本分类数据基础上，采用多边比较方法测算出来的。其统计过程综合复杂，影响因素众多，比较结果存在很多变数，不确定性很大。各国经济社会情况迥异，在实际操作中不得不设置许多假设条件，在诸多方法中不得不进行各种取舍和折中。毋庸讳言，ICP 项目的技术方法和实践仍有待改进和完善，在调查数据质量、比较方法和结果上有一定的局限性。

一是 ICP 调查数据质量有欠缺，不同国家之间规格品的同质可比性难以保证，影响比较结果的准确性。调查国家间、区域间可比的规格品价格十分困难，各国和各地区提供的规格品价格要么缺乏可比性，要么缺乏代表性。特别是对发展中大国来说，地区经济发展不平衡，贫富差距大，不同收入阶层消费偏好迥异，规格品的代表性和可比性很难平衡一致。不同类型的规格品表现出不同的价格水平和变动趋势。代表性规格品价格通常要低于可比性规格品。在实际操作中，对规格品代表性和可比性的不同处理，会得出截然不同的结果。各国和各地区统计调查口径范围难以规范统一。受统计调查基础和能力的制约，各国和各地区对ICP统计标准的执行很困难，提供的数据在统计调查范围和指标口径上存在较大差异，调查点的样本分布不完全可比，直接影响价格数据质量。建筑项目、房租、教育和医疗服务、政府公共服务等不可贸易服务项目在各国和各地区具有较强的差异性、特质性和非市场性，服务质量差异大，价格数据可比性差，无法准确反映各国间实际价格水平差异。

二是ICP比较方法仍在改进和完善之中，比较结果具有较大的不确定性和可变性。PPP结果对比较方法的选择十分敏感。采用不同的方法，其结果差异很大。目前，区域间比较方法仍未统一。各区域经济发展条件、统计基础和统计能力有较大差别，在汇总方法、特殊项目比较方法的选择上有一定的灵活性。OECD/欧盟比较方法在很多方面不同于其他区域。方法不尽统一，影响区域间比较结果的可比性以及全球链接结果的可靠性。比较方法不够稳健，对各个区域结果的影响不平衡。方法的改变对OECD/欧盟国家影响较小，而对其他区域特别是亚太区域影响很大，稳健性较差。

三是两轮的比较结果相互脱节、互不衔接。世界银行根据2011年ICP新的比较结果，大幅修正了除OECD/欧盟47个参加国以外的发展中国家2005年ICP基准调查比较结果。我国曾以部分地区的形式参加2005年ICP调查活动，购买力平价为1美元相当于3.45元人民币，价格水平指数为42%。世界银行在《世界发展指标（WDI）》中，根据2011年新的PPP结果，利用总量倒推算法，将我国 2005 年购买力平价修正为 2.86 元人民币/美元，以美国为 100 的价格水平指数下调到 35%。由于两轮比较方法有变化、倒推结果有统计误差、各国统计数据有修正，加上我国两轮 ICP 调查范围不同等，两轮基准调查年的比较结果不可比。从统计意义上讲，对旧的比较结果进行统计修正是一种常态，便于对比分析。问题在于修正的幅度过大且地区分布不均衡，远远超出可接受的合理范围。与上一轮基准调查结果相比，我国 2005 年 PPP 被下调 17%，印度被下调 25%，巴西被下调 19%，南非被下调 10%。发展中国家 PPP 平均被下调 21%，而以发达国家为主的 OECD/欧盟 47 个参加国 PPP 没有作任何修正。世界银行大幅修正发展中国家2005 年比较结果，几乎全盘推翻了上一轮 ICP 项目成果。这本身意味着该项目的理论和实践方法还不够成熟，数据结果不够稳定，还有待进一步研究、改进和完善。

世界银行牵头组织的 ICP 作为全球最大的统计合作项目，各方都尽力做到数据可靠、方法科学、结果合理。由于比较对象异常复杂，比较方法实施过程困难繁杂，调查数据质量仍有不足，比较方法仍有缺陷，比较结果出现偏差在所难免。2011 年ICP 项目仍然带有试验、探索和研究的性质，国际社会对比较结果的可靠性还有争议和分歧。作为一项研究成果，在行政应用时须十分谨慎。PPP 具有不可兑换性，不宜作为确定联合国会费等以支付能力为基础的国际义务分摊标准，否则会使中低收入国家承担超出其实际支付能力的国际义务，加剧国际事务的不平等；PPP 涵盖可贸易品和不可贸易品价格比例关系，不能作为均衡汇率标准，否则会加大各国特别是中低收入国家汇率的不合理性；PPP 是一种多边比较结果，受其他国家价格水平影响很大，分类结构具有不可加性，不宜用作分析和对比国家价格水平的内部分类结构关系，否则会得出错误的结论甚至被误导。

作者简介：

余芳东，管理学博士，国家统计局国际统计信息中心副主任。

小康社会的昨天、今天和明天

施凤丹/文

在我国，说起“小康”一词可谓众人皆知，因为到2020年我国将全面建成小康社会。目前距2020年渐行渐近，我们能否如期实现小康目标？如同莎士比亚所言：“一千个观众眼中有一千个哈姆雷特”一样，一千个人心中有一千个“小康”标准。本文仅从统计角度，用可量化的指标给大家描述一下小康社会的昨天、今天和明天。

何谓小康社会

过上“小康”生活，是中国人民对美好生活的向往。“小康”一词最早出现在西周时期《诗经·大雅》民劳篇，篇中写道：“民亦劳止，汔可小康。”意思是说，人们有劳有逸，日出而耕，日落而息，日子安定，差不多就达到小康了。

随着时代的变迁，“小康”的内涵得到不断丰富和发展。20世纪70年代，我国改革开放总设计师邓小平给“小康”一词赋予了新的时代内涵，提出到2000年我国国内生产总值比1980年翻两番，基本实现总体小康的奋斗目标。2002年召开的党的十六大，提出我国要在21世纪前20年“全面建设惠及十几亿人口的更高水平的小康社会”，从经济、政治、文化、可持续发展四个方面具体阐述了全面建设小康社会的内涵，并提出了国内生产总值到2020年比2000年翻两番的奋斗目标。2007年，党的十七大又增加了人均国内生产总值到2020年比2000年翻两番的奋斗目标，并将全面建设小康社会的内涵扩展至经济、政治、文化、社会、生态五个方面。2012年，党的十八大提出到2020年我国要全面建成小康社会，并提出到2020年我国国内生产总值和城乡居民人均收入比2010年翻一番的奋斗目标。

小康指数如何得来

为了用可量化的指标反映全国及各地区的小康社会发展水平，国家统计局统计科学研究所于2003年成立课题组，研究制定了《全面建设小康社会统计监测指标体系》（以下简称小康指标体系），并于2008年开始向社会发布小康指数。

何谓小康指数？小康指数是一种综合指数，是以2000年我国达到总体小康（小康指数约为60%）为起点，2020年达到全面小康（小康指数约为100%）为终点，综合反映2000年至2020年间我国小康社会的发展变化过程。小康指数越高，表明社会发展程度越接近全面小康水平。

那么，小康指数是如何计算的？小康指标体系框架由经济发展、社会和谐、生活质量、民主法制、文化教育和资源环境6个部分、23项指标组成。单项指标指数由各项指标实际值与目标值对比获得，某一方面指数由反映该方面的各单项指标指数加权获得，小康指数由6大方面指数加权获得。也就是说，小康指数是通过各项监测指标实际值与目标值对比加权计算得出的一个综合结果。

我们距全面建成小康社会有多远

根据小康指标体系计算，2010年我国小康指数达到80.1％。社会上有些人将此理解为2010年全国有80.1％的人达到了小康水平，认为自己“被小康”了。其实，这是误读了小康指数。小康指数描述的是一种社会发展状况，并不是人的发展状况，即使到某一年我国小康指数达到100％，也只能表明当时社会的总体发展状况已达到小康水平，但并非所有人达到了小康水平。

同时，小康指数也有别于小康实现程度。小康实现程度指的是当年的小康指数比2000年小康指数提高的幅度占21世纪前20年小康指数需要提高幅度的比重，反映了在小康社会道路上的进展情况。以2010年为例，2000年我国小康指数为59.6％，2010年为80.1％，2010年我国小康实现程度为50.74％，其计算方法为：

$$\frac{80.1\% - 59.6\%}{100\% - 59.6\%} \times 100\% = 50.74\%$$

如图1所示。也就是说2010年我国在小康社会的道路上已经前行了50.74％，到2020年还有49.26％的路要走。

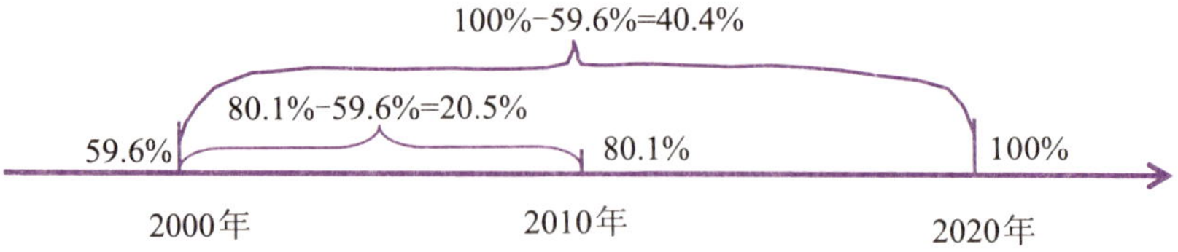

图 1　小康实现程度计算方法实例

2020 年我国能否全面建成小康社会

2020 年渐行渐近，届时我国能否实现全面建成小康社会？经过对相关数据进行测算，从整体上而言，到 2020 年我国可以实现全面建成小康社会宏伟目标。

首先，从党的十八大提出的两个翻一番的指标来看：一是国内生产总值（GDP）比 2010 年翻一番应该可以实现，2011—2013 年我国 GDP 增速分别为 9.3%、7.7%和 7.7%，2014—2020 年 GDP 年均增长只要达到 6.73%，就可以实现 2020 年 GDP 比 2010 年翻一番的目标；二是城乡居民人均收入比 2010 年翻一番应该可以实现，2011—2013 年我国城镇居民人均可支配收入分别比上年增长 8.4%、9.6%和 7.0%，农村居民人均纯收入分别比上年增长 11.4%、10.7%和 9.3%，2014—2020 年城镇居民人均可支配收入年均增长 6.69%、农村居民人均纯收入年均增长 5.80%就可以实现 2020 年城乡居民人均收入比 2010 年翻一番的目标。

其次，从目前已有的监测结果来看：2000 年我国小康指数为 59.6%，2010 年为 80.1%，2010 年小康实现程度为 50.74%。也就说 21 世纪前 10 年时间刚刚过半，实现程度

(50.74%)已经超过一半，这一方面表明我国小康社会进程总体顺利，按此进展情况，到2020年应该能够实现全面小康；但另一方面也表明，后10年的另一半路程任重而道远，需要全国人民齐心协力努力奋斗。

理性客观看待“小康”

党的十八大提出2020年实现全面建成小康社会奋斗目标是针对全国而言，是一个总体目标，并非指某个地区或某个人都要达到同一的小康水平。我国地域辽阔，各地在经济社会发展基础、资源禀赋、地理位置等方面存在较大差异，这是我们无法回避的现实。到2020年全国总体能够达到小康水平，其反映的是全国平均状况，这其中必然是一部分地区小康指数高于全国水平，一部分地区小康指数低于全国水平，各地的发展存在一定程度的差距，不影响全国实现程度。

当然，统计监测只是用可量化的指标从总体上描述了全国实现小康水平的状况。真正意义上的“小康”应该是一种社会状态，是让老百姓过上看得见、摸得着、品得到的幸福生活。

作者简介：

施凤丹，管理学博士，国家统计局统计科学研究所副研究员。

从统计视角盘点世界杯

张来成　郑　瑞/文

4年一次的足球世界杯，于2014年6月13日在美丽的南美洲国家巴西拉开战幕。代表了当今世界顶级足球水平的32支国家队，在这个充满激情的夏日里通过64场比赛角逐出冠军。这对全世界球迷来说，无论是豪华的球队阵容和人气超高的球星，还是扣人心弦的竞技博弈和充满悬念的比赛过程，无疑都是一场期待已久的饕餮盛宴，而从中我们也感受到了统计数据的魅力。

足球运动中的统计学

世界杯如同世界大战，战争胜负取决于敌我双方力量的对比，也在于是否尊重了科学、遵循了战争规律。世界杯作为足球的顶级赛事，参赛者追求胜负的原因同样如此。

美国著名统计学家C·R.劳说："在终极的分析中，一切知识都是历史；在抽象的意义下，一切科学都是数学；在理性的基础上，所有的判断都是统计学。”统计学是应用学、制胜学。足球理论包含着统计原理，足球胜负亦可从统计学中找到答案。

“足球运动三定律”就是研究人员应用统计学原理，对不同国家足球风格与地理环境间的关系进行研究后得出来的。从赛场上看，“4—4—2”“4—2—4”“3—5—2”堪称现代足球之三大经典阵形。

“4—4—2”阵形是温带足球发展模式。球员身高体壮，站位呈网状，给人的感觉像是个强力弹簧。重在防守。

“4—2—4”阵形是热带足球发展模式。球员平均身高体重明显低于温带球员，身体重心较低。重在地面进攻。

“3—5—2”阵形是亚热带足球发展模式。球员身高体重介于温带球员与热带球员之间。重在攻守平衡。

阵形的选择取决于气候、人种、核心技术三大要素。从人种上看，白种人、黑种人、黑白混血、黄种人的骨密度和肌肉密度大相径庭，黑人＞白人＞黄种人。因此，作为“力量型”足球模式的“4—4—2”阵形不适合中国。而作为“技术型”足球的“4—2—4”阵形和“力量＋技术型”足球的“3—5—2”阵形，是要有球星来撑起的。

世界杯中弥漫着统计数据

有人说，一次世界杯就是一次没有硝烟的世界大战，再没有什么运动能与足球媲美。笔者借助相关数据，从统计的视角眺望世界杯对国人及社会的影响。

近 9 成人通过互联网观看世界杯。艾瑞调查数据显示，中国86.1%的人表示更倾向于通过互联网观看世界杯，比4年前的数据翻了1倍。许多人坦言，这将是第一届真正互联网化的世界杯。

中国球迷最多的省份是广东。“百万猜球”数据显示，中国球迷数量排名前9名的省份是广东、山东、河南、河北、浙江、山西、湖北、江苏和四川。其中广东球迷最多，占总数的10.37%；山东次之，占10.29%；排名第3的河南占7.74%，其他省份占44.13%。

中国球迷男女数量差别不大。从数据显示来看，男球迷占到中国球迷总人数的56.08%，女球迷占到43.92%。

30岁是中国球迷的主力。数据显示，30～39岁的群体占37.33%，20～29岁占30%。具体说来，中国球迷年龄跨度很广，从学龄儿童到大叔大妈都有。

世界杯带动超高清和大尺寸电视销售热潮。据北京华通人商用信息有限公司信息反馈，受世界杯足球赛的拉动，以UHD超高清电视、50英寸以上大尺寸电视等高端产品保持了高速增长，其中50英寸以上大尺寸电视出货量占比高达20.1%，比2013年同期增长两倍以上。

竞猜型体育彩票销售额大幅增长。国家体彩中心公布的销售数据显示，2014年6月12日，竞猜型体育彩票销售额超过1.5亿元，迎来开门红。有人预测，2014年，中国竞猜型体育彩票将会因为世界杯新增约84.7亿～101.6亿元的收入。

世界杯促进国民统计知识大普及

一场世界杯比赛，就是一场统计学知识的大宣传、大普及。

人们在观赏精彩激烈的比赛之后，留在心头的除了艺术定格和精彩画面外，还有数字信息以及这些数字背后所隐藏的统计学知识。

2014 年 6 月 14 日凌晨，西班牙与荷兰之战，西班牙以 1∶5输给了荷兰。比赛结果以数字论输赢，其间统计精灵若隐若现。

人们在观赏荷兰队迎战西班牙队的精彩画面时，除了饱享足球带来的乐趣外，还积攒了一个个疑问。比如，西班牙人控球厉害，到底控球的时间是多少？荷兰人攻入的第一粒球，离球门很远，到底有多远？面对一连串问号，我们不妨用统计数据给予相应的回答。

比如第一个问题：西班牙人控球厉害，是这样吗，到底控球的时间是多少？

回复："全场跑下来，西班牙队的控球率一度达到 70%，最终定格在 57%，而荷兰队的控球率最终为 43%。"这条信息来源于中国新华社海牙 6 月 13 日体育专电。

一场足球赛，全程赛时为 90 分钟。西班牙队的控球率为 57%，这表示在全场 90 分钟的比赛中，该队的控球时间长达 51.3 分钟。51.3 分钟是怎么得到的，它的计算很简单，控球时间＝控球率×比赛时间＝57%×90＝51.3（分钟）。

又如第二个问题：荷兰人攻入的第一粒球，离球门很远，到底有多远？

回复："荷兰射手是在奋不顾身地把自己'扔出去'后，才完成了那记不可思议的即兴之作。布林德在中线送出飞越半个球场的斜长传，在空中飞行达 50 米之多。心领神会的队长范佩西高速追球，在门前 10 多米处的距离'抛出'自己的身体，飞身冲顶，完成了本届世界杯开赛以来难度最大的进球。”这条信息来源于网易体育新闻中引用的英国足坛人士的评价。

第三个问题：荷兰队在上半场表现平平，到了下半场发生逆袭，是不是上半场控球不多，到下半场有了后劲？

第四个问题：西班牙队是上届世界杯的冠军，怎么时隔4年居然如此表现，让手中的大力神杯情何以堪？

第三、第四个问题，其解均可一一从统计学的原理中找到答案。从总量指标、相对指标、平均指标，到时间序列、抽样推断和相关关系，再到数据挖掘和知识发现，统计的原理在比赛中处处闪耀。可以说这些统计原理的应用，在很大程度上丰富了我们对比赛的认知，也给足球运动健康发展提供了有力指导。

足球的魅力在继续，统计的科普也在继续……

作者简介：

张来成，中国市场信息协会《双月通讯》执行主编、中国信息报社记者。

郑瑞，山西省河津市统计局干部、高级统计师。

1 加 1 等于几

梁维岸/文

有则笑话：老板招聘员工，数学家、统计学家、经济学家来应聘。老板问："1 加 1 等于几?""2。"数学家回答的不假思索。统计学家严谨答道："大部分情况下等于 2。"经济学家跟老板耳语："老板，你想让 1 加 1 等于几？我就让他等于几。"

数学高度抽象，抛开所有约束条件，1 加 1 只在运算上等于 2，没有单位、指向和误差，没有确切现实意义，就像张三有个苹果，李四也有一个，加起来就是两个苹果。经济学是一切以假设出发，假定一棵苹果树产量固定在 150 公斤。那么，两棵苹果树产量是 300 公斤。先决条件不同时，结果相悖（这在经济学理论界司空见惯）。而统计学是建立在纷繁错乱现实基础上的学科，1 加 1 不再是数学范畴，也不再是经济学范畴。统计的任务在于调查：A 地区果园中，苹果的产量和产值如何衡量呢？现实中，每棵苹果树的产量是相同的么？每个苹果的重量是一致么？用什么单位来衡量苹果产量最合适？更关键的是，倘若逐个数完每棵树上的苹果并称重，在规定时间内，将无法完成当地农产品产量的统计。

现实的多样性和干扰因素，造成数据的逻辑关系既不能恒定不变、也不能随心所欲。与此同时，公众习惯以数学和经济学的思维模式比照统计结果。“公布的GDP增长率，与自己用数学公式计算的为何不符？”“人口普查资料，长表比短表数据为何少一位数？”“公布的月度工业产品增加率，与自己计算的为何不一致？”类似问题不胜枚举。归根到底分两类：“1加1只等于2，而你说近似等于2，我不满意。”“我的模型里，1加1就等于3，统计数据无法满足模型结论，是你数据有问题。”

具体来看，有些统计数据容易被公众认为与自己的预期不相符，主要是对官方统计尚不了解。

基础数据偏差。这是“各月工业产品产量数据相加不等于月度累计数”“季度GDP增长率为何与自己计算的不一样”等问题的原因。由于企业报表时间限制，有些企业采用预估方式报送月数据，与实际生产量会有出入。对这种差异，按统计制度要求，要修改到累计数据中，即发现上月预估数小了，应加到本月累计数据中，从而保证全年累计数据的准确。季度GDP初步核算，同样是因为时效性原因导致所需要的基础资料不能全部获得。因此，季度GDP初步核算，需要利用专业统计进度资料和相关指标推算得出。之后，随着可以获得的基础资料不断增加和完善，利用更完整的基础资料进行再核实。倘若使用修订后的数据与修订前数据自己计算增长率，那肯定是不准确的。

指标统计范围有限。这类质疑主要集中在规模以上工业企业财务指标和限额以上企业社会消费品零售总额两个指标上。读懂这两个指标名称千万不能忽略修饰语“规模以上”和“限额以上”，这意味着并非是所有企业都统计在内。假设去年某地区规模以上企业为A家（年主营业务收入达到2000万元的视为规模以上企业，后面简称“规上”），利润总额X亿元。而今年经济不景气，部分“规上”企业破产，还有部分企业达不到2000万元的主营业务收入的标准，该地区“规上”企业减少至B家，共创造利润总额Y亿元。倘若不考虑企业数量的增减，直接运用数学公式将用X和Y两个值进行比较和计算，就不能代表实际的利润增长率了。在调查单位发生变化的情况下，两年相同月份的进度统计绝对数不完全可比，两者之比不等于同比增速。“限额以上”主要运用在批发和零售企业统计中，而基本道理是一样的。

调查方法不同。1994年国务院批准国家统计局《关于建立国家普查制度改革统计调查体系的请示》，确定以周期性普查为基础，经常性抽样调查为主体的统计调查方法体系。需要强调的是，不同的调查方法直接影响数据结果。“人口普查资料中长表数据为何少一位数”是公众针对周期性普查的常见提问。其实，人口普查资料使用说明讲得很清楚："2010年第六次全国人口普查采用了长、短两种普查表。普查表短表包括反映人口基本状况的项目……根据普查长表抽样工作细则，长表抽取了10%的户填报，短表由其余的户填报。"

现在，1加1不能肯定等于2的疑团，应该逐步解开了。从公众的角度说，期待数据完美，要求并非过分。数据使用者本着"拿来主义"，希望以最小成本完成最大化的使用目的。然而，理解毕竟是双向的，我们不妨换个角度看待官方数据。

认可数据的不完美。一次在解答"某工业产品各月产量数据为何不等于累计值"后，一位大学生提出质疑：数据岂不是可以随便填。倘若试图顺其逻辑，那我们岂不完全可以在数据运算逻辑上下工夫，做到累计值与各月产量总和丝毫不差，免去公众不解？可是，为了保证数据的真实性、严谨性、可比性，报上来数据是多少就是多少，不怕您质疑不怕您不满意，这是统计人起码的职业道德。而换个角度说，统计预估本身就是一种重要的科学方法，即利用样本数据来推断总体特征。

注重数据的三维定义。任何统计数据，除指标内涵外，还要有三个维度：统计数据的范围、口径和时间。有个快速了解三维定义方法，即阅读年鉴的简要说明、主要统计指标解释、资料使用说明、新闻稿最后的"附注"和统计知识科普资料等。有公众提问："某项工业产品产量为什么比海关出口量还小？"其实，仔细研究数据背后的指标解释不难发现，国家统计局发布的工业产品产量主要由"规上"企业上报，而海关以关口为限进行统计，两者的调查方法均不一样，两个指标直接比较有失偏颇。国家统计局近些年来打造服务型统计事业，更加注重数据的解读。所以，为了对数据负责，对自己负责，少一些浮躁，多一些耐心，人们有必要深入了解相关数据的三维定义。

抛开思维惯性。正确使用统计数据，须抛开 1 加 1 只能等于 2 或随便等于几的思维模式。传统判断相关关系的方法，是人们对事物有一个预判，再加以分析和论证，倘若分析与预判不相符，便推倒重来。其实，这样不仅效率低下，也制约思维拓展，尤其在大数据时代，包容和接受误差是发展的趋势。

作者简介：

梁维岸，国家统计局统计资料管理中心公众服务处助理统计师。

摸家底盘存量 “花”“落”知多少

牛文辉　耿　兵　彭　程/文

“家底”“存量”和“增量”是当前报刊、网络、电视等媒体上常见的热点词汇。自2013年6月国务院提出“盘活存量”这一理念以来，各级政府和各类银行体系都纷纷提出了财政、金融方面盘活存量的具体措施和方案。那么，到底为什么要盘活存量，存量又该如何盘活呢？这需要从存量盘活的对象——我们的“家底”开始说起。

摸清“家底”是前提

说起“家底”，你的第一反应是什么？作为一个普通居民，可能首先想到自己的温暖小家，有多少家庭资产，有多少房屋住宅，有多少现金存款，有多少股票基金；作为一个企业老板，可能首先想到自己的公司工厂，有多少机器厂房，有多少库存产品，有多少股权投资，有多少无形资产；作为一个银行行长，可能首先想到银行的账目余额，有多少居民储蓄，有多少企业贷款，有多少票据融资，有多少融资租赁；作为一个政府部门，可能首先想到当地的政府资产，有多少财政资金，有多少土地资产，有多少办公大楼，有多少市政设施。事实上，当我们行走在车水马龙的街道上，所能见到的一切单位——无论是公司、商户、餐厅、旅馆、银行，还是医院、学校、机关、事业单位、社会团体——小到家庭、个体，大到企事业单位、政府机关，都拥有自己的经济资产，这就是我们“落”下的“家底”。

当然，拥有这些“家底”并不完全依靠我们的自有资金，有些资产是需要通过举债获得的。一个居民可能通过住房贷款来购置房屋资产，一个企业可能通过融资贷款来扩大生产增加资产，一个银行需要通过吸纳居民储蓄来增加贷款发放，一个政府需要通过发放债券来筹集建设资金。这些已经计入“家底”组却需要未来归还的部分被称为负债。通过负债，我们可以筹到更多的资金，创造更多的经济效益。而“家底”中扣除负债后剩下的部分就是净资产，也就是我们真正拥有的资产和财富。这是从资金来源角度来描述“家底”的具体构成，也就是大家都很熟悉的一个资产的公式：资产＝负债＋净资产。需要注意的是，资产和负债的比例会影响我们“家底”的健康程度。如果负债偏少、融资规模不大，就可能造成资金不足，制约经济发展；如果负债过高、偿还压力太大，就可能加大经营风险，影响经济发展健康程度。

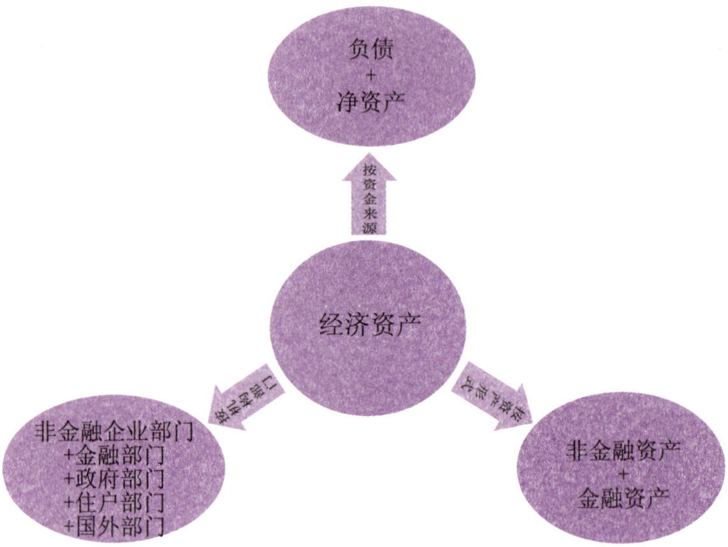

从资产的形态来看，我们的“家底”又可以分为非金融资产和金融资产两部分。非金融资产，大部分都是看得见、摸得着的“硬家伙”，是我们经济发展中雄厚的物质基础，比如房屋建筑、机械设备、未售产品、资源资产等实物资产；也有一部分是看不见却很值钱的无形资产，比如企业的自主知识产权，或者像狗不理、桂发祥这样的知名品牌。金融资产包括国内金融资产和国外金融资产，如各种通货、存款贷款、股票债券和储备资产等。如果把一个国家或地区所有的非金融资产和金融资产加起来，就是这个国家或地区的全部经济资产，也就是全部的“家底”。

通常我们会使用资产负债表从存量方面核算一个国家或地区的资产和负债状况。通过对资产总量、负债总量和净资产的核算，我们就可以摸清整个国家经济的“家底”状况，就可以全面分析这个国家或地区的国民财富、经济实力和生产能力。

用好增量是基础

“半亩方塘一鉴开，天光云影共徘徊。问渠那得清如许，为有源头活水来。”朱熹的一首诗恰可作为经济增量与资产存量关系的最佳写照。经济增量，最典型的指标就是大家熟悉的GDP，代表的是人们劳动生产创造出来的新增成果，如同入池之水，源源不断。资产存量，归根到底是过去历期产出和收入中未被消耗、损耗和消费部分的积累总和，如同蓄水方塘，持续增多。当资产存量的规模不断做大时，我们的手中就掌握了更多可用的经济资源，能利用它创造出更多的经济效益，随之带动经济增量的快速增长。

从实际来看，当我们辛勤劳动共同创造GDP时，居民得到了收入，政府得到了税收，企业得到了利润。但我们辛辛苦苦地工作，满足的不单单是当期的消费需求。居民的收入除了吃穿用等各种消费，还会用于购置房产、投资理财；政府的税收除了向居民提供各种公共服务，还要修桥铺道、建设市政；企业的利润除了支付薪水红利，还会扩大厂房、购置设备。资产存量就是这样随着收入的积累而不断扩大的。事实上，无论部门、单位还是个人，只要手里有了闲钱，就会有更多的投资欲望，从而促进更多资产存量的积累。以存量为起点生产更多增量，用增量来积累形成更大存量规模，在这样一个过程中，我们的经济实力就会像城墙一样越垒越坚实，拥有的财富就会像雪球一样越滚越大。

需要强调的是，在创造经济增量的同时也需要注重质量，不能“以GDP论英雄”，盲目追求GDP的增长，这样才能形成良性合理、可持续使用的资产存量。如果单纯追求经济增量，就有可能造成资产的浪费。“豆腐渣”工程就是典型的例子，即使建成了房屋、修建了桥梁道路，但使用寿命不长，甚至还未投入使用就不得不拆除重建，这不仅会造成原有存量资产的消失，还会给环境带来负面影响，甚至危及居民的生命安全。而像欧美地区的百年老屋、德国的排水系统等工程，长久耐用、经久不衰，既保全了资产，又保护了环境，是“用好增量”的正面实例。

盘活存量是关键

资产存量为什么要盘活呢？道理很简单，盘活存量，就是采取各种方式，整合资产，利用好现有的资产，防止资产的闲置浪费。例如，一块建设用地，长期囤积造成资金占用；一座企业厂房，长期闲置就会衰败破旧；一台机器设备，不加利用就会生锈报废；一个商标品牌，藏在深巷一样无人知晓；一笔财政资金，趴在账上就会慢慢贬值；一笔不良贷款，不加处置会使残值遗失殆尽。任何一种经济资产，都需要合理使用，否则就不能转化成真正的经济发展成果，只能使原有的经济价值随着时间慢慢流失。

资产存量的盘活可以从很多方面来着手，但归根结底都落实到经济生产活动主体——非金融企业部门、金融部门、政府部门、住户部门和国外部门五大机构部门上。在宏观调控中，多以非金融企业部门、金融部门、政府部门为盘活存量的突破口，通过部门之间的相互作用，把盘活存量的正效应和正能量传导到其他部门中去，并逐步扩散到经济活动的每一个环节。

在我国前期的经济发展过程中，非金融企业部门在经济活动中占据主导地位，在经济的开放与制度的变革中站在了改革攻坚的最前沿，因此盘活存量要多从此入手。例如，改革开放初期国企改革的放权让利、政企分开，20 世纪 90 年代的国有企业战略性改组、股份制和公司制的逐步推进，党的十六大之后现代企业制度建设的深化、国有资产管理方式的改革等，都离不开非金融企业部门的存量盘活。

随着经济发展方式的转变，金融、证券等新兴服务行业异军突起，金融部门的运转效率成为整个经济社会发展及安全的关键。私募基金、小额贷款、理财产品、股票债券等一系列金融创新为经济发展提供更多助动力的同时，也放大了金融结构失衡、资金监管缺失、资产质量不高、流动性不足等金融风险。与此同时，经济社会转型期的到来，对政府部门的调控水平和效率提出更高要求，财政资金、养老保险金和住房公积金等政府部门的资产存量成为社会关注的焦点。因此，2013 年 6—7 月国务院先后提出要“优化金融资源配置，用好增量，盘活存量”“进一步盘活存量，把闲置、沉淀的财政资金用好”等，实质上就是从我国经济的阶段性特点出发，从国民经济体系的五大部门中选择了最关键的两大部门——金融部门和政府部门作为本次存量盘活的两大抓手，通过金融和财政体制改革来降低和防范金融风险及债务风险，提高现有存量的流动性和盈利能力。

转型发展是目的

从更宏观的层面来看，盘活存量又不只是提高资金使用效率这么简单。它不仅是加快经济转型发展中的重要一环，而且是稳增长、调结构、惠民生的一步“好棋”。

为了应对全球经济结构性调整转型的新变化，面对经济发展的新常态，我国提出了“加快经济发展方式转型和经济结构调整”的因应之策。在转型的动力上，更加注重激发企业和市场的活力；在经济政策上，进一步致力于打造提升效率和增长潜力的长效机制。为此，国务院办公厅下发了《关于金融支持经济结构调整和转型升级的指导意见》，要求更好地发挥市场配置资源的基础性作用，更好地发挥金融政策、财政政策和产业政策的协同作用。

当前要进一步盘活存量，对政府部门来说，最重要的就是集中有限资金用于经济转型发展与社会民生改善的重点领域和关键环节。俗话说“好钢要用在刀刃上”，把闲置、沉淀的财政资金用于棚户区改造这样的民生工程，用于新能源、环保这样的新兴产业，用于道路交通、信息通讯这样的基础设施建设，用于教育卫生、社会保障这样的公共服务业，不仅可以大大改善民生，提升居民生活水平，而且还能释放巨大内需潜力，助推我国经济持续健康发展。

对金融部门来说，就要围绕降低债务水平、降低杠杆率、优化资本结构、提高资金效率等核心和重点，彻底扭转过去一段时间里资金流向虚拟经济领域、流向产能过剩领域、沉淀于不良资产的资源错配局面。通过稳健推进利率市场化、强化商业银行流动性的管理、降低民间资本进入金融业门槛、运用信贷杠杆调整过剩产能、扩大消费金融公司试点、加快发展多层次资本市场等一揽子金融政策措施，引导金融回归服务实体经济的本质。

以财政之手，通过政府引导让资金投入最有用的领域；以金融之手，通过市场调节让资金流向最该去的地方；恢复经济结构平衡，加快经济转型发展，这就是当前“盘活存量”调控措施的意义之所在。

作者简介：

牛文辉，天津市统计局副巡视员、高级统计师。

耿兵，天津市统计局科研所中级统计师。

彭程，天津市统计局科研所高级统计师。

国民总收入不是国民的总收入

邓卫平/文

国民总收入与国民的总收入，不就差一个“的”字嘛，就像中国人民与中国的人民一样，含义上没什么区别吧，相信许多人的想法会是这样。本文就是想对之提个醒：国民总收入不是国民的总收入。

国民的总收入，是偏正短语，如果对之一般的理解是全体国民的收入合计，那么其与作为经济术语的国民总收入（Gross National Income）即国家所有常住单位初始收入的合计，是显然不同的。两者可各分解为三部分，其含义完全不一致（见表1）。

本文欲说明的是三组不同中的“国民”含义的不同，因为“总”和“收入”含义的不同可以协调，关键差异点在于国民总收入之国民是属地原则，在某国而不论是何国人；而国民的总收入之国民是属人原则，是某国人而不论在何国。

表 1　国民总收入与国民的总收入比较

	国民总收入	国民的总收入
国民	国家内的所有常住单位（含加总合计的意思）	国民
总	指价值中含折旧或资本消耗成分	加总合计
收入	狭义，初始收入，指生产要素（劳动、资本等）的收入	广义，多种形式的所得，可能包括处理资产获得的收入

与国民总收入概念密切相关的是更为人所知的国内生产总值（Gross Domestic Product ，GDP）。国内生产总值反映的是一国所有常住单位生产的全部最终产品的价值，生产的价值是收入产生的源泉和依据，此为“做蛋糕”；按照各生产要素的贡献，向常住单位、非常住单位（即国外）分配价值就形成了各单位的收入，此为“分蛋糕”。另一方面，常住单位的收入还可以来源于国外分配其所做蛋糕时对应分给国内的价值，把一国经济体内所有的常住单位获得的收入加总即为该国的国民总收入。

这个过程和国民总收入、国内生产总值两者间的关系可以用公式描述如下：

①来自国内生产的收入合计

＝国内生产总值－分配给国外的要素收入

②来自国外生产的收入合计

＝来自国外的要素收入

③国民总收入

＝来自国内生产的收入合计＋来自国外生产的收入合计

＝国内生产总值＋来自国外的要素收入－分配给国外的要素收入

＝国内生产总值＋来自国外的净要素收入

由于国内生产总值和国民总收入两项总量指标的测度对象都是由全体常住单位或部门所构成的经济总体，两者的差别不在于指标所覆盖的范围（国内还是国民），而在于一个测度生产、另一个测度收入。国民总收入之国民（National）实际上就是国内（Domestic）之意。由于国内生产总值和国民总收入这两个术语在经济领域的应用已经非常广泛，不必对其称谓进行调整，但其含义必须清晰。

国民（National）真实含义的演变简述：初时，人们讨论国家经济时，关注的重点在于一国国民从事了多少经济活动，故有国民经济之说。随着时代的发展，各国间人员、资本、技术交流的广度、深度都大大加强，关注一国范围内的经济活动更有意义，也更可行，国民经济实质上转为一国范围内的经济。但仍沿用着既有的约定俗成的表达。

为了更直观地对比国民总收入与国民的总收入，可用数字举例说明通过收入法计算国内生产总值（见表 2）。

表 2　收入法计算国内生产总值举例

	生产	分配		
		国内	国外	来自国外
劳动者报酬	550	545	5	12
生产税净额	130	130		
固定资产折旧	120	120		
营业盈余	200	185＝150＋35	15	2

注：1. 收入不是严格的自然人收入的概念，而是国民所掌握/获取的收入的概念；

2. 因为有外国控制或入股的常住单位，故把营业盈余（资本回报）分为国民和外国人所得两部分。

据表 2 可得：

国内生产总值＝550＋130＋120＋200＝1000

国民总收入＝1000＋(12＋2)－(5＋15)＝994

国民的总收入＝(545＋12)＋130＋120＋(150＋2)＝959

如今世界经济的发展，已呈各国你中有我、我中有你的态势，没有一国可以独自发展或运行，国民总收入与国民的总收入不是一回事，但我们要做到心中有数，并把差距控制在一定的范围内，使得经济中既有外来的先进成分，又不损伤国人自己的能力和利益。仿佛我们在办足球、篮球联赛时，引进外援是手段或组成部分，目标是要有利于自身水平的提高，要注意把握好度，避免手段伤害目标，局部损害整体。

还有一点启示，专业术语往往有其特定的定义和使用范围，切忌望文生义或想当然地采用日常语义，这对我们准确地理解、分析、解决问题是有裨益的，比如我们在探讨收入分配问题时明了国民总收入的含义是很有必要的。

作者简介：

邓卫平，国家统计局国民经济核算司调研员。

从理论概念到统计数据的艰难之旅

——以R&D统计为例

高敏雪/文

人们对大千世界的认知有不同层次。最初层次是个体对现象的直接感知：发工资，一日三餐，交学费，网络购物兴起，戴口罩的人越来越多，……；最上面层次是理论对现象本质的认识，通过一个个概念并将其关联起来，对现实世界给出总结性的、规律性的解释；在这两者之间还有一个“夹层”，那就是通过统计数据信息形成的认识。直接感知到的现象会因为其零乱琐碎而无法形成整体认识，而理论却常常会比较抽象，可能只是一种假设；相比之下，统计信息一方面可以将零碎的现象上升到总体层面，另一方面则可以使抽象获得具象化的证据以验证假设，其重要性可想而知。

统计是受理论驱使的

统计数据产生于对个体现象的总结归纳，这个过程就是调查与统计。调查统计离不开理论，因为统计数据不是简单的数字，而是按照明确理论内涵而提供的数字型信息，“信息”需要相关理论概念定义做支持。以收入统计为例：收入是一个“耳熟”的名词，但其含义未必人人“能详”，在不同场景下、不同人的嘴里，收入的含义大有区别。为此，住户调查首先要对居民收入的基本内涵和统计范围予以定义。其基本内涵来自理论定义——经过一连串分配过程之后所形成的可支配收入，其经典定义出自希克斯这位经济学家——在贫富程度不变前提下当期可用于消费的最大数额。由此就可以将许多不属于此范畴的收支项目摒弃于统计范围之外，并使所得到的收入数据与居民消费能力联系起来。

反过来看，当今实证研究盛行，理论也特别仰赖统计数据的支持，理论概念常常需要通过统计数据演示，理论关联假设更需要统计数据通过计量模型予以验证。为此就特别需要统计能够按照理论概念和关联进行调查统计，提供能够用于理论验证的统计数据。但统计是否能够按照理论设定进行统计，这在很大程度上要取决于理论概念是否具有足够的可测性——能够通过个体现象清晰表现，通过调查统计将其数量化特征归纳转化为统计数据。我们常常遭遇的情况是：所涉理论并不具有足够的可测性，在此情境下进行统计，既会给统计实施带来极大难度，也会影响到用统计数据表征理论概念的准确性。退一步说，即使具备完全的可测性，从理论概念到统计数据的形成，其间仍然有一段很长的路要走，需要相关统计工作者的很大投入，庞大的政府统计机构、众多的调查公司干的就是这个费力未必讨好的工作。正可谓：经济学家动动嘴，统计部门跑断腿，“一将功成”（提出一个理论假设）的背后不敢说是“万骨枯”，但肯定是要万人忙（众多统计工作人员千辛万苦地工作）！

以 R&D 统计为例

先举一个可测性较强因此统计比较容易实现的例子。增加值是国民经济核算的主要指标，用以衡量各生产单位或一个行业通过当期生产新创造的价值，最终汇总得到整个国家的国内生产总值（GDP）。这是一个需要在宏观上定义的概念，与企业财务会计核算具有不同的理论依据，因此企业难以直接填报其增加值是多少。但进一步看，企业财务会计核算可以提供一些与增加值核算有关的基础数据，尤其是对应收入法增加值主要构成项目的基础数据。比如，企业财务记录的工资总额、产品销售税金、固定资产折旧、营业利润，基本对应于劳动报酬、生产税、固定资本消耗、营业盈余等增加值构成项；然后借助于一些专项调查得到的系数，即可估算出发生于销售费用、管理费用、财务费用之中的应归入劳动报酬、营业盈余的部分，结果就可以汇总出一个企业的增加值；然后逐级汇总为行业增加值、地区增加值、国内生产总值，完成宏观统计。这就是说，尽管增加值这个统计指标背负着宏观经济学概念，但因为具有较高的可测性，所以进行宏观统计有一定基础，只要有相应的统计组织和统计投入，数据获得是有保证的。

接下来是一个可测性较差因此统计难度非常大的例子：研

究与开发（以下简称 R&D）统计。

当下经济社会发展对科技的依赖程度日甚一日，因此科技统计变得非常重要，尤其是其中的 R&D 统计数据，更是为国际和国内、政府及企业等各方所重视。看一个经济体为研发投入的力度，要依赖于 R&D 统计；分析经济体经济社会发展的根本原因以及创新行为特征，也常常要依赖于将 R&D 投入数据纳入相关计量模型。但是，你知道统计部门将 R&D 这样一个非常理论化的概念转化为一个可以测度的统计指标，然后通过调查形成 R&D 投入统计数据，其间要经过怎样艰难的过程吗？

说起来，R&D 统计的基本架构并不复杂，主要是 R&D 投入统计，其中的核心指标只有两个：一是人力投入，用人数和按时间折合的当量统计；二是经费支出统计，包括经常性支出和资本性支出，同时要区分经费的来源——来自政府财政还是企业或者其他方面。按照 R&D 活动的发生领域，上述指标要分三个系统进行统计。第一是科技系统统计，对象是那些研究院所等以科技活动作为主要活动的单位，这是 R&D 活动发生的主要领域；第二是教育系统统计，在那些大专院校尤其是研究型大学，存在着大量 R&D 活动；第三是企业统计，目的是捕捉到在企业范围内发生的 R&D 活动。但 R&D 统计实施起来非常不容易，最大难点是 R&D 活动的识别。

先看理论概念定义。根据 OECD 颁布的、得到国际共同认可的弗拉斯卡迪手册，所谓“R&D，是指为增进知识的总量，包括人类、文化和社会方面的知识，以及运用这些知识去创造新的应用而进行的系统的、创造性的工作”。统计人员听这样的概念解释是不是会犯晕？

进一步解析，R&D活动包含以下四个基本特征：创造性、新颖性、运用科学方法、产生新的知识或创造新的应用。这四个特征哪一个具备可测性？

再看R&D活动中的三大组成部分。第一是基础研究，是指“为了获得现象和可观察事实基本原理的新知识而进行的实验性或理论性工作，它不以任何特定的应用或使用为目的”；第二是应用研究，是指“为了获得新知识而进行的创造性研究，但它主要针对某一特定的实际目的或目标”；第三是实验发展，是指“利用从科学研究或实际经验获得的现有知识，为产生新的材料、产品或装置，建立新的工艺、系统和服务，或对已经产生或建立的上述各项进行实质性的改进，所进行的系统性工作”。怎么样，你能够结合具体工作对象对这三个部分加以区分并量化吗？

要对R&D做统计，必须在R&D活动与其他相关活动之间划出清晰的界限。我们知道R&D活动属于科技活动，但并非所有科技活动都属于R&D活动，其外还有大量科技服务活动，比如科普活动，因为其没有创造性而不在R&D之列，但你能够在这二者之间做出区分吗？教育活动既涉及知识创造又涉及知识传播，如何在这二者之间做出清楚区分？当前最时髦的“创新”活动，还有新产品的量产，这些都不是R&D活动而是R&D带来的后果，但如何在前后二者之间划出清晰界限？

这就是当前R&D统计所面临的困难。要知道，R&D统计就是根据这些定义来设计其统计表格的，统计人员要拿着这些表格到几十万家科研机构、上百所大学、几十万家企业填报。其间工作量自不待言，主要的麻烦是在工作过程中常常遭遇填报单位的质疑：什么叫R&D？如何在基础研究、应用研究、实验发展之间做出区分？你能够给我一两句通俗的定义和识别原则吗？

为了能够比较准确地识别、分类从而做到比较准确的统计，相关规范中给出了很多例子，这些例子常被统计人员用于各种培训和答疑。但有了这些例子也未必能够解决上述识别问题。以下挑选其中最一般化（不是最奇葩）的让你试试。

在电子通信领域，“网络环境下海量信息组织与处理的理论研究”，因为有“理论”两字，可以作为基础研究；但在“新一代互联网路由系统基本理论和关键技术研究”里，既有“基本理论”又有“关键技术”，应该作为基础研究还是应用研究，显然就不是那么一目了然了。“船舶机舱自动化系统”被视为试验发展类，属于 R&D 活动；而“车用 LED（发光二极管）光源系统开发”被视为 R&D 成果应用，“区域信息服务运营模式研究”干脆被作为科技服务，这些都不属于 R&D 活动，实际上它们之间的界限似乎并不那么清晰。进一步的问题是：统计是针对总体的计数活动，这些案例真的能够在日常统计中起到举一反三的示范作用吗？

面对上述困境，统计部门想了许多办法。科技部系统统计人员素质较高，相关统计部门针对统计人员的培训和演示做了很多工作，帮助统计人员提高识别、分类的能力；对大学和企业，则主要借助于科技统计平台生成 R&D 投入统计数据，具体方法是先搜集科技活动投入数据，然后通过研究项目过录填报数据形成一个 R&D 识别系数，推算出有关 R&D 投入的数据。为了生成这个 R&D 系数，仍然需要很大的工作量，要借助于文本查询技术，同时还要辅之以相应的人工识别才能完成。

在政府统计中，像 R&D 统计这样的情况并不是孤例。类似的事情还有很多，国民经济核算在本质上就是宏观经济学家给统计部门出的一道大难题。到现在为止，这道难题统计部门还没有完全回答出来，而经济学家后续还在不断增加这个题的内容。比如，用PPP比较各国GDP，用资本服务替代固定资产折旧，将资源环境因素纳入SNA，在全球化背景下将跨国公司拆开来编入特定国家的SNA，桩桩件件都是令人头疼的事情。这样的游戏一直在玩儿，逐渐地，就连那些对SNA一直充满热爱的国民经济核算专家都开始怀疑啦——最近笔者收到国际收入与财富学会的会议通知：明年在巴黎召开特别会议，题目就叫“wither the SNA”（枯萎的国民经济核算体系）。

作者简介：

高敏雪，中国人民大学应用统计科学研究中心研究员、统计学院教授、国民经济核算研究所所长。

行业与产业，你分清了吗

张小祥/文

2014年上半年国内生产总值269044亿元，按可比价格计算，同比增长7.4%。分产业看，第一产业增加值19812亿元，同比增长3.9%；第二产业增加值123871亿元，同比增长7.4%；第三产业增加值125361亿元，同比增长8.0%。同时，在41个工业大类行业中，6月份有39个行业增加值同比增长……

在这段经济数据描述中涉及产业和行业，两种提法虽只有一字之差，但意义和范围却有较大区别，这些你分得清楚吗？

老百姓眼中的行业和产业

在我们的生活当中，老百姓提及行业这个词语的概率要明显高于产业，如关于吃的方面就会说到餐饮行业，行的方面就会谈到交通行业，住的方面就不得不提房地产行业，邮寄快递方面就是物流行业……老百姓眼中的行业简单可以总结两条共同特征：一是所谓的行业是单单提出仅有一个功能，如餐饮行业、交通行业、理发行业、物流行业等，其行业的功能具有唯一性；二是根据经济活动的技术特点划分行业，如房地产业就是造房子，物流业就是邮寄东西等，其行业的技术具有专业性。

关于产业，老百姓在生活中提及相对较少，通常所说的产业也就是产业链，如一件衣服从制造商到消费者手中要经过设计、原料购进、制造、流通和销售等环节。

统计人眼中的行业和产业

在统计人眼中，行业统计就是“国民经济行业统计”的简称，是指从事相同性质经济或其他社会经济活动的所有基本单位（如企业、事业、机关团体等）的集合，统计上主要用于对总体内被调查单位按所从事活动的同质性进行分类，通常称为“按国民经济行业分组”。现行的行业分类标准为《国民经济行业分类》(GB/T4754－2011)，有行业大类96个、行业中类432个、行业小类1094个。

产业统计是从所有相关行业部门中剥离出由该经济活动引致的新增加值，并加以汇总。在进行产业统计时，必须由一个或几个核心行业以及若干个与核心行业密切相关的非核心行业组成，这些核心和非核心行业体现了经济活动制造、销售和服务的一系列生产经营过程和最终生产经营成果，以反映核心行业发展对相关行业的拉动程度，以及对整个国民经济的贡献率。

常见的产业统计，即第一产业（农、林、牧、渔业）、第二产业（采矿业，制造业，电力、燃气及水的生产和供应业，建筑业）、第三产业（除第一、第二产业以外的各行业），战略型新兴产业、文化产业等。

行业统计和产业统计的联系与区别

行业统计和产业统计之间既有区别，也有千丝万缕的联系。随着社会分工进一步细化，各种经济活动相互渗透、融合，行业和产业间形成“你中有我，我中有你”的状态。打个简单的比喻，人按照性别可以分为男性和女性，但是在不同的行业和产业里，人扮演着不同的角色，从职业角度有教师、医生、学生、客车司机、餐饮经理等，从家庭成员角度有父亲、母亲、子女等。但无论从何种角度进行划分，人最根本特征是性别，其他只是在此基础上的定义和延伸。

从统计角度看，行业和产业都由从事社会经济活动的企业、事业、机关团体等基本单位所构成。实际工作中，产业的界定

可以在行业基础上进行，每项具体的行业统计或产业统计，都不允许有重复统计。同时，行业统计和产业统计有三方面不同：

一是统计对象不同。行业统计包括国民经济各个行业，产业统计关注的是跨行业发展的新兴产业。

二是统计范围不同。行业统计严格按照国家行业分类标准，行业与行业之间不存在重复、交叉因素，而产业统计尚没有统一的全国标准。行业统计严格按照国家行业分类标准，产业统计按反映的主题确定统计范围，通常包含与确定主题密切相关的生产、流通和服务等活动领域，不同主题的产业统计之间存在跨行业重复、交叉的因素，因此不宜对产业统计资料进行简单相加，也不宜用产业统计资料代替行业资料。

三是统计作用不同。行业统计的结果可以直接用于国民经济各行业之间的比较，反映各个行业在国民经济中所处的地位；产业统计更能反映新兴产业部门的实际发展规模和速度。但值得注意的是：由于产业统计资料与其他行业统计资料有相互重复、交叉的因素，因此不宜将产业统计与国民经济其他行业统计资料进行直接比较。

行业统计是政府统计部门开展国民经济行业监测和评价的主要任务，然而随着国民经济的快速发展，特别是各地区根据自身的资源和经济基础不同，主导发展的行业和产业也不尽相同，对产业发展情况也特别关注。因此，产业统计工作是政府统计部门当前乃至今后相当长的一段时间内，必须加强和逐步健全完善的一项工作，如战略型新兴产业、文化产业、创意产业、高技术产业、装备制造业等。然而，无论怎么变化，产业统计的核心必须是以行业统计资料为基础，产业统计只需要根据自己要求对这些跨行业发展的经济活动从产业分类的口径进行跨行业统计。

从大的原则看，产业的范围一般要大于行业，但是从定义上看，产业的范围也跳不到行业统计范围之外，且目前行业统计的重要性明显大于产业统计，随着经济结构转型升级和时间的推移，产业统计在监测和评价区域经济发展，实现地区科学可持续发展中将会发挥更重要的作用。

作者简介：

张小祥，浙江省衢州市统计局。

说说统一的城乡居民收入

张　毅　孙继伟/文

2014年2月25日，国家统计局发布的《2013年国民经济和社会发展统计公报》显示，2013年全国居民人均可支配收入18311元，比2010年增长10.9%，扣除价格因素，实际增长8.1%。这是我国首次公布全国居民人均可支配收入数据。

为何要公布城乡居民统一收入数据

在2013年以前，我国居民收入是城乡分别统计、分别公布的，这就是人们比较熟悉的城镇居民人均可支配收入和农村常住居民人均可支配收入。虽然这两个数据能够分别反映城镇与农村居民各自收入及增长变化情况，但是要了解全国居民的收入数据，却是一件很头疼的事情。由于城乡居民收入统计指标不尽一致，指标归类不够明确，像在城镇务工的农民工，他们是算城里人还是算乡下人一直都不是很明确；由于无法加总得到全国居民收入，因而难以精确测算全国居民的收入差距。

近年来，中央高度重视民生问题，提出统筹城乡发展、改善收入分配格局等战略部署，这些都需要城乡一体化的居民收入统计数据。为了满足城乡统筹发展需要，更加全面准确地反映居民收入分配格局，经国务院同意，国家统计局对长期分开进行的城镇住户调查和农村住户调查实施了一体化改革。按照统一调查指标、统一抽样方法、统一调查过程、统一数据处理和统一数据发布的原则，建立了城乡一体化住户收支调查制度，并于 2013 年起在全国统一实施。

“全国统一”可不是简单地一加一地仅将原来的城镇住户调查和农村住户调查合并，而是进行全方位的改革。一是统一城乡居民收入统计指标。将原有的城镇居民可支配收入和农村居民纯收入指标统一为城乡可比的可支配收入指标，并按照国际标准进一步规范收入分类以及财产净收入与转移净收入的统计方法。二是统一在常住地对居民开展抽样调查。按常住地和居住时间进行调查，尤其是对家在农村又常年外出的农民工，其收支情况由原来在农村户籍地向其家人调查，改为在常住地向其本人直接调查，以减少漏报。三是调查范围实现了全覆盖。抽样框采用第六次人口普查资料编制，加强了对流动人口、城乡结合部人群的覆盖，从抽样上做到不重不漏、覆盖完整。国家统计局根据调查结果，汇总计算出城乡可比的全国居民可支配收入，以及按地区、城乡等多种特征分组的居民可支配收入数据。

从国家统计局首次公布的 2013 年城乡居民收入数据可以看到：2013 年城乡可比的新口径全国居民人均可支配收入为 18311 元，其中城镇常住居民人均可支配收入为 26467 元，农村常住居民人均可支配收入为9430元。由于指标和抽样方法的改变，新老口径居民收入统计数据有所差别。2013年，城镇常住居民人均可支配收入数据比同期老口径数据低1.8%；农村常住居民人均可支配收入数据比同期老口径数据高6.0%；全国居民人均可支配收入与同期老口径城乡居民综合收入水平基本一致。

城乡居民收入数据从何得来

为了得到全国和各地区城乡居民收入、消费及其他生活状况相关信息，不得不提到住户调查。住户调查是指在中华人民共和国境内的住户，既包括城镇住户，也包括农村住户；既包括以家庭形式居住的户，也包括以集体形式居住的户。无论户口性质和户口登记地，中国公民均以住户为单位，在常住地参加住户调查。国家统计局住户调查办公室统一领导住户调查，负责制定调查方案，组织调查实施，监督调查过程，审核、处理、汇总调查数据，发布全国和分省城乡居民收入、消费和生活状况数据。国家统计局各调查总队按照方案规定，负责组织分省住户调查工作，牵头并会同各省级统计局组织开展分市县住户调查。

住户调查的内容十分详细，它既包括居民现金和实物收支情况、住户成员及劳动力从业情况、居民家庭食品和能源消费情况、住房和耐用消费品拥有情况，也包括家庭经营和生产投资情况、社区基本情况以及其他民生状况等。

目前全国共有1650个县（市、区）约16万住户参加城乡一体化的住户收支与生活状况调查，国家统计局以此来计算城乡居民收入数据。需要说明的是这16万住户可不是自己想记账就可以申请参加调查的，而是采取一套科学的方法抽选出来的。

住户调查样本抽选包括抽样方法设计、县级调查网点代表性评估、调查小区抽选以及摸底调查、调查住宅抽选、调查户落实等抽样工作。

住户调查的样本量按满足以下代表性需求的标准确定：在95%的置信度下，分省居民及分省分城乡居民人均可支配收入、消费支出以及主要收入项和消费项的抽样误差控制在3%以内。由此汇总生成的全国居民及全国分城乡居民人均可支配收入和消费支出抽样误差控制在1%以内，主要收入项和消费项的抽样误差控制在3%以内。国家统计局使用统一的抽样框，以省为总体，在对县级调查网点代表性进行评估的基础上，采用分层、多阶段随机抽样方法抽选调查住宅，确定调查户。现场抽样工作由各调查总队统一组织。被抽中的小区和调查户不可以随便调整，如果调查小区变动要经国家统计局批准，调查户变动要经调查总队批准，还要报国家统计局备案。

国家统计局组织各调查总队统一开展分市县住户调查样本的抽选工作，即按照国家规定的抽样框和抽样方法，在分省住户调查样本的基础上，补充抽选提高分市县代表性的扩充样本，共同组成分市县住户调查样本。分市县住户调查的样本规模由各调查总队会同省级统计局共同确定。分市县抽样实施方案报国家统计局批准后执行，抽中样本报国家统计局备案。

样本确定后即在这16万住户中开展调查。从数据的采集到上报也有一套严格的工作流程和全过程质量控制。

首先是数据采集。数据采集包括现场调查、数据录入和初步审核。住户调查采用记账和问卷调查相结合的方式采集基础数据。其中，居民现金收入与支出、实物收入与支出等内容主要使用记账方式采集；住户成员及劳动力从业情况、住房和耐用消费品拥有情况、家庭经营和生产投资情况、社区基本情况及其他民生状况等资料使用问卷调查方式采集。

住户调查数据采集工作，在已设立国家调查队的县及县级市，由县级国家调查队负责，在未设立国家调查队的县及县级市，由县级统计局负责；在地级市的市辖区，分省样本由市级国家调查队负责，分市县调查中的扩充样本由市级统计局或国家调查队负责。

调查基础数据包括样本信息、调查户记账数据和问卷调查数据。由市县调查统计机构负责对记账数据进行编码，采用国家统计局编制下发的数据处理程序录入调查基础数据。有条件的地方使用基于网络的数据采集平台，包括调查户网上记账、单机记账和调查员手持电子终端采集数据。市、县调查统计机构对录入的数据进行初步审核。

其次是质量控制。住户调查实行全过程质量控制。国家统计局建立全过程质量控制制度，规范方案设计，科学抽选样本，认真组织培训，严格流程管理，加强监督检查。每个季度随机抽取6000个调查户进行电话回访，对调查样本代表性进行评估和校准，对基础数据进行审核分析，对各地住户调查专业工作的各个环节进行量化考核。各级调查统计部门对调查过程的各个环节进行监督、检查和验收，及时、独立上报数据。

作者简介：

张毅，经济学博士，国家统计局住户调查办公室副巡视员、高级统计师。

孙继伟，国家统计局统计科学研究所高级统计师。

话说人均可支配收入

冯　蕾/文

2009年7月29日，一位网友在其博客上创造了一个“被增长”的新词，意思是指国家统计局公布的城镇居民人均可支配收入增速与个人感受不同。

其实这也正常，因为人均可支配收入本来就不是个生活名词。它不是我们常常谈到的工资、奖金，不是月收入也不是年薪，而是为国民经济核算GDP服务的专业术语，里面包括了5大项13小项和数不清的细项，其复杂程度远远超越了社会一般理解的收入概念。“被增长”虽然可能存在平均数掩盖真相的问题，也可能存在统计误差的问题，但根本原因不在数据加工处理而在于民众对指标内涵的误解。

因此，只有分解“人均可支配收入”，将它变成一个个直接关系着柴米油盐酱醋茶小日子的账目，才能让大家看清楚增长到底从何而来。

你不是只有工资

谈到收入，一般人认为就是工资，你月薪 8000 元，我月薪 10000 元。有个皆大欢喜的词儿叫作“涨工资”，可没听过“涨收入”，可见在国人心里工资是最重要的收入来源。但是，你不是只有工资，还有其他收入。因而在统计中有一种收入叫人均可支配收入。可支配收入包含 5 大项，除了工资性收入，还包括经营净收入、财产净收入、转移净收入和自有住房折算净租金，通俗点说，就是指你家可以用来自由支配的收入。

经营净收入。除了正式工作，可能你和你的家人还会从事点儿小生意，比如开个淘宝店。那么经营收入扣除经营费用之后的余额，就是你需要计入的可支配收入。别忘了，出租房屋也是经营收入，对于有些人而言，每个月收取的租金远远超过了工资收入。

财产净收入。你投资理财吗？相信大多数人的回答是肯定的，那么你银行储蓄户头上的利息、购买股票或者直接投资获得的股息、分红等都是财产净收入，都得算进可支配收入里面了。虽然对于大多数人来说财产净收入数额并不多，但它的增长速度却可能很高。

转移净收入。转移净收入等于转移性收入减去转移性支出。虽然看上去“转移”二字不那么通俗，其实内中项目谁都不陌生。先说转移性收入，简单点儿说就是白来的钱。一些是国家转移给你的，比如养老金或退休金、社会救济和补助、政策性生活补贴、救灾款、报销医药费等，想必我们大多数人从来没把报销回来的医药费算做过收入吧；还有些是别人转移给你的，比如子女每个月给付的赡养费、外出打工者寄回或者带回家的钱，等等。再说转移性支出，主要就是缴纳的个人所得税、养老保险、医疗保险、失业保险、工伤保险、生育保险等社会保障支出。

自有住房资金折算。这可能是最难理解的一项收入了，怎么住着自己买的房子，交着水电物业费，还产生收入了？这确实不是真实收入而是虚拟收入，纯属为满足国民经济核算需要而计算。自有住房的虚拟租金减去购房款分摊成本后的净额，也要计入可支配收入。

了解上述工资之外的收入来源之后，我们可以参考一下2012年各类收入占总收入的比重和它们的增长状况（见表1）。

表1　2012年全国及部分省份各类收入所占比重及增速

单位：%

	占总收入比重				增　速			
	工资性收　入	经营净收　入	财产性收　入	转移性收　入	工资性收　入	经营净收　入	财产性收　入	转移性收　入
全国	**64.3**	**9.5**	**2.6**	**23.6**	**12.5**	**15.3**	**8.9**	**11.6**
北京	68.0	3.5	1.7	26.7	11.1	20.1	3.0	9.1
河北	60.1	10.3	1.5	28.1	12.6	22.9	6.3	6.9
辽宁	57.3	10.5	1.9	30.4	13.4	18.6	47.8	9.8
浙江	58.9	12.4	3.9	24.9	10.1	7.1	−6.8	18.5
广东	69.4	10.6	4.3	15.7	12.0	18.7	18.2	10.1
江西	63.1	9.2	2.5	25.2	14.5	13.1	11.8	10.8
河南	62.4	11.6	1.5	24.4	13.5	12.4	16.7	8.4
贵州	61.4	9.9	1.8	26.9	14.5	22.8	−0.2	10.7
甘肃	67.7	6.1	1.4	24.9	11.8	23.1	60.6	15.1

注：自有住房资金折算是2013年《住户收支与生活状况调查方案（试行）》的新增项目，因此在2012年统计年鉴中并未体现。

资料来源：《2012中国统计年鉴》《2013中国统计年鉴》。

由于中国统计年鉴只有财产性收入和转移性收入而没有它们的净收入，我们只能将其与总收入相比而不能与可支配收入相比。从全国总体情况看，工资性收入占到总收入的64.3%，经营净收入占9.5%，财产性收入占2.6%，转移性收入占23.6%，虽然工资仍占大头，但其他3类收入合计已经接近总收入的4成，特别是随着近年来我国社会保障体系的健全完善，转移性收入已经成为第二位的收入来源；从东中西及东北四大区域中有代表性的省份来看，收入构成大体相同。而且，工资已不再是增长最快的收入大类，全国经营净收入增长15.3%，增速超过工资近3个百分点；在有些省份，经营净收入增速甚至超过工资10个百分点以上，吉林、上海、浙江、湖北、广西、海南、重庆、四川、陕西、甘肃、青海和新疆12个省份转移性收入增速也在工资之上。可以这么说，经营收入和转移性收入已经成为带动我国居民收入增长的重要动力，工资增长水平和可支配收入增长水平之间不能画等号。

你真的了解工资吗

工资是我国城镇居民最主要的收入来源，然而，可支配收入中的工资，可能远远多于你所知道的工资。你忽略的，可能恰恰是增长最快的。

一是现金报酬。一般我们提到的工资就是获取的现金报酬，看看每月的工资条，基本工资、加班工资、特殊津贴、奖金、住房补贴、交通补贴、通信补贴、冬季取暖费和防暑降温费等都在其中。但是别只盯着实发到手的钱，各种扣款也是工资，只不过在发工资之前就被扣掉了，如个人承担的养老保险、医疗保险、失业保险和住房公积金，以及单位代扣的房租、水电费、个人所得税等。需要注意的是：工资包括扣款，但可支配收入不包括扣款，因为它们已经作为消费支出或者转移支出从总收入中扣除了。还有一种东西叫做“购物卡”，虽然有点儿灰色，但不管你是否承认，它也属于工资收入！

二是实物福利。有句老话说得好：“别拿豆包不当干粮！”那些单位免费发放的或者低价提供的各种产品和福利，都要算作工资。别说你从来没往家扛过米、面、油，沐浴液、洗发水，床单被罩、护颈枕……别说你没吃过单位工作餐、没住过单位宿舍、没乘过单位班车……有些单位还提供娱乐、健身、旅游、医疗保健服务，甚至子女入园入学的赞助费！所有这些都算上，可是一笔不菲的收入啊！

三是其他。其他里面项目很杂，有些看起来和我们一般理解的工资简直就是风马牛不相及，比如被辞退或者裁员得到的一次性补偿金（都被开了还算工资呢！）；不论自由职业者、兼职还是揽私活儿，稿费、翻译费、设计费、讲课费、咨询费都要算作工资。此外，单位出资缴纳的各种社会保障费，如养老保险、医疗保险、工伤保险、失业保险、生育保险和住房公积金，这些你月月都有，但常常觉得看不见摸不着、短期内用不了的东西，也是工资。

认清此“人均”非彼“人均”

人均可支配收入是从住户调查数据中汇总计算得到的，是对全体社会成员的平均，既包括有工作和收入的人员，也包括离退休人员、失业人员、未成年人等。你会跟一个孩子去比收入吗？这显然没有意义，人均可支配收入作为一个核算指标，反映的是社会整体生活水平，更适合用作国别、地区间的比较，而不能用个人情况与之相比。

作者简介：

冯蕾，国家统计局统计科学研究所副研究员。

扫描数据　静待花开

丛雅静/文

我是谁

我叫扫描数据，英文名叫 Scanner Data。我的英文名比小沈阳的英文名可是地道多了。好多人可能还不认识我，没关系，下面我就给大家做一个详细的自我介绍。

作为芸芸众生中的一位，人们免不了都会进入商场或者超市消费。里面的商品林林总总，有的商品名称就有十几个字，甚至更多，想记下来真的很难，但是结算的时候只要扫一下商品的条形码，人们就可以在购物小票中清晰看到商品的名称、价格和数量。其实，我就是通过扫描这些条形码而得到的数据。但我的内容还远不止这些，细心的你一定会发现在商品的包装或者标牌上会有一个不同的条形码，别小看这个条形码，它里面记录着产品名称、产品型号、产品编号、交易价格、交易数量、交易金额、交易时间、交易地点、产品特征等详细信息，而这些信息都会被我纳入其中，我的内容够丰富了吧！

随着时代的进步，现在我不单单是通过条形码来表现，我也会与时俱进，换一下着装的风格，比如时下很流行的二维码，同样是我庞大家族中的一员，尽管表现形式不同，但内容同样丰富。而且，我相信，未来我的家族成员会越来越多。

我从哪里来

很多人认为我是一个新鲜事物，其实我已经出生很久了。早在20世纪初，就有了条形码的雏形，到1949年，文献中已经有了全方位条形码的记载，即便是时下流行的二维码，也早在20世纪70年代就出现了。可是我为什么默默无闻了这么久呢？主要原因就是技术条件还不成熟。就像每个人都需要别人的帮助才能成长一样，从条形码或二维码向我转变的过程中，需要借助扫描器的力量才能最终完成。在20世纪，显然普及扫描器还不现实。进入21世纪后，信息技术迅速发展，尤其近几年，大数据、云计算、物联网等现代信息技术得到广泛应用，我的家族也随之迅速扩大，并且成员在各自领域都有了用武之地，我们也算是守得云开见月明吧。

下面就跟大家说说，我的成员都分布在哪些领域吧。知道我们从哪里来，才会更好地了解我们将到哪里去。最早的条形码是用来给邮局进行包裹分类的，到1974年，美国俄亥俄州一个超市的箭牌口香糖率先采用了条形码系统，自此开始，条形码逐渐被应用到商品流通领域。由于条形码具有简单、便捷、成本低等优势，现在条形码广泛存在于商品流通、物流仓储、图书管理、银行等生产生活的各个部门，时时刻刻为人类提供便捷高效的服务。伴随着条形码的普及，我的家族成员每天都以亿为单位在急速增长。看到我们的家族成员不断壮大，我也很高兴。可是，我苦恼的是，我的孩子们大多静静地待在超市、商场、图书馆等部门的数据库中，帮助主人管理日常工作，这也只能算是小范围的略施拳脚，我的价值还远远没有挖掘出来。随着近几年大数据的风靡，我也在想，我们如此庞大的家族还可以为人类做些什么呢？

我是怎么进入统计大家庭的

大数据时代为我提供了广阔的平台，仔细思考后，我觉得我可以更好地为政府统计服务。其实，早在20世纪90年代，就有学者提出要我在政府统计部门发挥一技之长，其中最重要的就是我可以帮助完善居民消费价格指数。在《消费者价格指数：理论与实践》（2004）中对我的定义是，通过零售商户的电子销售终端对单个产品的条形码进行扫描而获得的详细消费品销售数据。

政府统计部门看到了我身上很多宝贵的品德，这让我一直很高兴。比如，我更真实，我总是真实记录商品身上与交易有关的一切信息；我更细心，我会将痕迹都保留下来，我代表的是实际交易价格，这对政府统计部门来讲实在是太重要了；我更贴心，我可以大大减少采价员的工作量，而且也会减少企业不配合的情况，对大家都是一种减负。还有很重要的一点就是，我管理有序又很方便，我的每一个孩子都是与众不同的，这可以方便统计部门对商品进行分类，而且，只要统计部门需要我，我可以随时随地出现，提高政府统计工作的效率。

但由于我当时还比较年轻，很多方面都不是很成熟，我只是对个别国家的一些分类指数编制提供了帮助，并没有在居民消费价格指数编制领域得到广泛推广，对此我一直很遗憾。好在进入21世纪后，很多国家的政府统计工作者又重新看到了我。我在荷兰和挪威已经服务10年左右，每天都有很多孩子直接由他们的主人（连锁超市等）转发给统计部门。在指数编制过程中，我帮助统计部门克服了权重调整、质量调整等很多难题。后来，瑞士、澳大利亚也都陆续将我纳入到他们的指数编制中。

在中国的政府统计部门，我还是个比较新的面孔。2012年开始，国家统计局开始重点研究大数据课题，其中在居民消费价格指数编制中使用大数据被认为是相对成熟的专业统计领域。而我作为大数据的一个重要成员，也受到了一定的关注。国家统计局正在积极研究与超市、医院等电子计价单位建立合作机制，目的就是要把我纳入到数据源中。但是，与欧洲的小国相比，中国的情况更为复杂，在广大的农贸市场和农村，我还没有得到普及。所以，在一段时间内，我将和以人工方式采集的数据一起为中国居民消费价格统计服务。但我相信，随着政府统计信息化建设步伐加快，在中国政府统计部门，我一定会有一个光明的未来！

作者简介：

丛雅静，国家统计局统计科学研究所助理研究员。

由寿命长度看生命质量
——人均预期寿命指标解读

张启良/文

一代豪杰曹操，在《短歌行》中发出“对酒当歌，人生几何？譬如朝露，去日苦多”的千古感慨。在古人抒发人生短暂愁苦、求贤若渴、老骥伏枥、暮年壮怀激烈情怀的同时，也引发现代人对生命长度的探问：人究竟能活多久？生命的意义又何在？

今天，我们用“人均预期寿命”这个指标来测度和比较人类的寿命长度，衡量一个国家或地区现阶段经济社会发展水平及医疗卫生服务水平的综合指标。在当今这个日益关注人本的社会，人均预期寿命这个指标越来越受到关注与重视，主要体现在：被联合国列入千年发展目标的重要内容；在我国的《国民经济和社会发展第十二个五年规划纲要》中，首次将“人均预期寿命”纳入经济社会发展的主要指标体系；我国《卫生事业发展“十二五”规划》中也将其首次纳入，提出“人均预期寿命在2010年基础上提高1岁”，达到75.83岁的目标；这也是衡量我国小康社会全面建成的一个重要指标。

人类的寿命是怎样算出来的

在一定经济社会条件下，一个人口群体的生命长短如何考量呢？最常用的指标是平均预期寿命，它是指一个人口群体从出生起平均能存活的年龄（岁）。人均预期寿命是从理论上考察同一批人实际的生命过程。假定在某年出生的一群人，从0岁开始，按照各年龄段死亡率逐年走过，队伍逐渐缩小，直到整群人全部死亡，统计这群人平均的死亡年龄，就是预期寿命。但如果其中有一个人活到100岁，那么要统计这批人的预期寿命恐怕要等到一个世纪以后了。显然这种统计方法是不现实的。

在统计的实际计算上，平均预期寿命是根据分年龄死亡率，通过编制生命表得到的。由于需要分年龄死亡数据，为了保证分年龄死亡数据的代表性，该数据从规模较大的调查中获得，即通过利用10年1次的人口普查和5年1次的1%人口抽样调查获得的死亡数据计算平均预期寿命。其余年份的数据根据联合国推荐的平均预期寿命在各阶段提高幅度、参考年度1‰人口变动情况抽样调查数据进行推算。

人均预期寿命反映的是当前的死亡水平，虽然叫预期寿命，却不代表这群人真正能活多少岁。因为它是以当下死亡率为基础计算的，是现时预期寿命。比如说，今年出生的这批人到明年是1岁，1岁的死亡率跟明年的医疗条件等有关，而明年的情况是未知的，于是就按照今年1岁这批人的死亡概率，统计其1岁时的死亡数量，他们活到2岁时，按照今年2岁的死亡概率，统计其死亡人数。依此类推，直至这批人全部死亡，计算他们平均死亡年龄。由于死亡率是不断变化的，预期寿命并不代表能真正活多少岁。例如现在出生的这批人预期能活75岁，随着生活水平、医疗水平改善，届时可以活到80岁。

影响人类死亡率的因素有哪些

由于人均预期寿命是用死亡率算出来的，那么，哪些因素影响死亡率呢？

纵观人类发展的历史，影响死亡率的首要因素是社会稳定，历史上世界各国爆发的无数战争与动荡，曾经导致人口数量的大起大落；其次是自然灾害，历史上发生的罕见洪水与干旱，以及伴随而来的瘟疫疾病，令数以万计的生命消逝；再次是经济社会发展和医疗卫生服务水平。从经济社会发展角度讲，通常情况下，人文发展程度越高，如收入水平、城市化程度、受教育程度越高，死亡率就越低；反之，死亡率就越高，许多非洲国家的预期寿命较短便是明证。从医疗卫生服务水平来看：一是医疗技术水平高有助于延长人类的寿命，人类历史上多次爆发的瘟疫因医治无术导致成千上万人死亡；二是医疗保障水平高也有助于延长人的寿命，如果医保制度不健全，保障水平低下，得了大病看不起，死亡率自然会上升。另外，受教育程度高的人，对健康知识的掌握相对多，保健意识比较强，健康程度比较好。

对全球187个国家和地区人均预期寿命与收入水平的相关关系分析表明：随着收入的增加，总体上出生时的预期寿命是提高的，但也有例外，如赤道几内亚和博茨瓦纳这两个国家，收入指数分别高达 0.741 和 0.698，属于高人文发展国家水平，但人均预期寿命分别只有 51.1 岁和 53.2 岁。

但是，当经济社会发展到一定程度后，人的行为及社会环境对死亡率的决定作用可能更大。过去 30 多年，我国人口疾病死亡模式已发生重大变化，急性传染性、感染性疾病的死亡率及其相对死亡比大幅度下降，慢性非传染性疾病死亡率及其相对死亡比迅速增加。目前，我国因慢性病死亡占居民总死亡构成比重已上升至 85%，每年有 800 万人死于非传染性疾病，其中有 300 万人属于过早死亡，而且 85% 的慢性病患者都是青壮年人士。

统计数据显示：最近的 30 多年，我国人口出生率显著下降，由最高年的 23‰降至 12‰以下，每年大约出生 1600 万～2500 万人，目前为 1600 万人左右；人口死亡率总体保持平稳，大致在 6‰～7‰波动，每年大约死亡 600 万～1000 万人；但从 2003 年开始，我国人口死亡率出现了上升趋势，由 6.40‰上升到 7.14‰，死亡总人数由不到 830 万人上升到 960 万人以上。有观点认为，随着我国进入老龄社会，老龄人口比重不断上升，人口死亡的绝对数量也开始增加。

人类寿命明显延长但差异悬殊

人类在早期的寿命是很短的。在公元 1000 年的时候，世界平均预期寿命只有 24 岁，直到 1820 年以前，这一情形几乎没有很大变化！但此后人类寿命出现了明显延长，1900 年已经提到 36 岁；1901—1950 年的 50 年增加了 18 岁；1951—2000 年的 50 年又增加了 18.2 岁；到 2010 年，人类的平均预期寿命世界平均达到了 69.6 岁。

尽管世界人口平均预期寿命接近 70 岁，但由于经济发展水平、地理分布、气候等因素的差异，不同国家的人口寿命差异很大。联合国开发计划署发布的 2011 年《人文发展报告》数据显示：超高人文发展国家的人平均预期寿命为 80.0 岁，这些人绝大多数都处在高收入国家或发达国家；高人文发展国家人的平均预期寿命为 73.1 岁，这些人绝大多数人都处在中等收入国家；中等人文发展国家人的平均预期寿命为 69.7 岁，这些人绝大多数都处在中低等收入国家；低人文发展国家人的平均预期寿命为 58.7 岁，这些人绝大多数都处在低收入国家，其中非洲国家占大部分。

到 2011 年，全球有 24 个国家的人口平均预期寿命超过 80 岁；日本人是世界上最长寿的国家，平均寿命为 83.4 岁，但在 100 年前日本人的平均寿命不到 45 岁。另外两个长寿国家和地区是中国香港（82.8 岁）和瑞士（82.3 岁）。平均预期寿命最短的国家主要分布在非洲、撒哈拉以南 40 多个国家和地区中，大部分国家的人均预期寿命仍不足 60 岁。塞拉利昂是世界上寿命最短的国家，平均预期寿命仅有 47.8 岁；乍得、赞比亚、斯威士兰、阿富汗、中非、刚果（金）、莱索托、几内亚比绍等国家，因为贫穷和战乱等原因，平均预期寿命都不到 50 岁。

新中国成立以前，国人的平均预期寿命只有 35 岁左右，到目前已延长 1 倍多。第六次全国人口普查数据显示：2010 年，我国人口平均预期寿命达到 74.83 岁，比世界同期平均预期寿命高 5.23 岁。这与我国经济社会的飞速发展，以及医疗卫生事业尤其是公共卫生工作的巨大进步是分不开的。

生命要有长度但更要有质量

人均预期寿命指标反映了不同国籍、不同地区和不同人群经济社会发展水平的差异。测量人均预期寿命的目的不是单纯追求长寿，而是更应关注生命的质量。健康长寿更重要，健康可以导致长寿，但长寿不一定就有健康。1997 年世界卫生组织不再单纯用人均预期寿命指标，而增加了“健康寿命指标”来反映各国人口的健康状况，在联合国开发计划署发布的人文发展指数中包括了“出生时预期寿命”和“健康指数”两个指标。设置这些监测指标，目的是提高人类健康生命的意识，促进人类健康寿命的延长，缩小国家或各组织间人口健康寿命的差距。

我国作为世界上第一人口大国，也是 21 世纪上半叶人口老龄化速度最快、人口健康压力最大的发展中国家，应倡导“不仅要活得长，更要活得健康”的理念，更加关注健康寿命问题，让生命的幸福感更高。

作者简介：

张启良，江西省统计局科研所所长、研究员。

中国粮是怎样统计出来的

侯颖梅/文

粮食，对老百姓来说就是“天”，所谓“人是铁，饭是钢，一顿不吃饿得慌”，没有谁能不食五谷而超然于世。对国家而言它是关系国家安全的战略物资，习总书记指出：“中国人的饭碗任何时候都要牢牢端在自己手中。我们的饭碗应该主要装中国粮，确保谷物基本自给、口粮绝对安全。”粮食的重要性显而易见。国家统计局网站发布公告，2014年我国夏粮产量达到13659.6万吨，比2013年增长3.6%，总产量再创历史新高。我国粮食生产已实现“十连增”，粮食数据是如何统计出来的呢？下面以北京地区为例来了解一下粮食产量统计的来龙去脉。

粮食包括哪些农作物

要弄清粮食产量数据是怎样得来的，首先必须知道粮食都包括什么。统计上通常把粮食分为谷物、豆类和薯类三大类，谷物具体包括小麦、玉米、稻谷、谷子、高粱等，豆类包括大豆、绿豆和红小豆，薯类包括甘薯和马铃薯。统计制度规定人口在50万以上的大中城市和省会中心城市，马铃薯要作为“蔬菜”统计，因此在北京市马铃薯就不再统计为粮食了。

由于粮食生产受自然环境的制约，播种和收获有很强的季节性，所以粮食统计要依生产规律而行，按收获时节不同又分为夏收粮食和秋收粮食，其中夏收粮食主要是小麦，秋收粮食主要品种有玉米、水稻、豆类、薯类等。

统计粮食产量的方法有哪些

目前粮食种植主要以农户为单位，品种多、地块散，在现有人力物力情况下为了最大限度地保证数据质量，将粮食产量统计划分为实测作物调查和非实测作物调查两大部分，分别采用不同的调查方法。

——实测作物调查。北京地区的实测作物为冬小麦和玉米，也是北京最主要的粮食作物，约占全市粮食种植面积的95%。冬小麦和玉米产量调查包括单产和面积两项内容，即采用抽样调查与实割实测相结合的方法计算出单位亩产量，利用卫星遥感技术获得播种面积。具体方法如下：

先看看单位亩产量是怎样计算出来的。

第一阶段，从全市抽取样本调查村。以各村小麦（玉米）近3年的平均实际亩产量为标志按由高到低的顺序排队，累计各村上报的小麦播种面积形成抽样框，根据随机起点、对称等距的抽样方法抽选出样本调查村。

第二阶段，从样本调查村中抽选样本地块。在小麦（玉米）

收获前10～15天，对已抽选出调查村的小麦（玉米）进行逐地块估计产量，将各地块的单位亩产量从高到低排队编制成样本框，采取随机起点对称等距抽样方法抽选出6块自然地块作为调查地块（8块以下全部测量）。

第三阶段，从抽取的地块上再抽小样本点。小麦用开方法（玉米用垄测法）进一步在抽中的地块上抽选5个小样本点，计算好样本位置，绘制好样本草图。

第四阶段，实割实测样本粮。在大田正式收割前一、二天根据事先绘制好的样本草图下地放样，收割小样本粮，小麦为10平方尺的正方形（玉米在垄上取10尺长）。对收割回来的样本粮进行脱粒、晾晒、测湿、称重、扣除水分杂质，得出样本粮的净重。

第五阶段，推算平均亩产量。根据样本粮食净重按与抽样过程相反的过程依次由下向上推算单位亩产量：由样本粮净重→地块亩产量→村亩产量→北京市平均亩产量。

抽样和实割实测调查有效避免了人为因素的干扰，确保了单位面积产量数据的客观性和准确性。

再看看播种面积是怎样得到的。

北京市冬小麦和玉米的播种面积调查在2009年实现了统计遥感业务化运行，替代了使用多年的抽样调查方法。统计遥感调查是以大宗农作物为对象，以遥感影像数据为基础，利用光谱信息识别出冬小麦和玉米的种植斑块，通过逐地块面积加总得到冬小麦和玉米的播种面积。同时，为保证数据精确度，还需要利用高精度车载或手持面积调查设备对测量结果进行实地验证。冬小麦和玉米播种面积的遥感统计的运用极大缩短了面积调查时间，大大提高了数据的准确性和科学性，为粮食产量推算准备了高质量的面积数据。

——非实测作物调查。非实测作物是除冬小麦和玉米以外的其他粮食作物，如豆类、薯类、高粱、稻谷等，因所占比重较小也称为小品种粮食作物。小品种粮食作物面积和产量的统计采用全面调查的方法，村级起报层层汇总，即由村级统计人员根据本村种植户实际种植情况分品种进行统计，以粮食农作物的预计产量为依据，测算出每个地块的粮食产量（或按照实际收获时的产量），各地块汇总计算出本村分品种粮食产量后上报，各级统计机构逐级汇总计算出全市小品种粮食作物产量。

粮食产量是如何计算的

通过不同的统计方法得到各品种粮食作物的产量数据后进行计算汇总得到粮食总产量：

冬小麦总产量＝冬小麦单位亩产量×冬小麦播种面积

玉米总产量＝玉米单位亩产量×玉米播种面积

小品种粮食作物产量＝∑各非实测作物产量

全市粮食总产量＝冬小麦总产量＋玉米总产量＋小品种粮食作物产量

为确保数据准确性，还需进行数据分析评估和质量检查，并由国家统计局审核通过后才能最终确定。

随着信息网络技术、空间技术等在统计领域不断深入推广，粮食产量统计体系将不断完善，测产方法将更加科学高效，数据质量及服务社会管理和经济发展的水平也将越来越高。

作者简介：

侯颖梅，北京市大兴区统计局统计师。

从“剪刀石头布”说开去

韩际平/文

近日读《剪刀石头布的博弈》一文，勾起儿时玩“石头剪子布”游戏的情景（俺们东北那疙瘩儿管这个游戏叫“竞杠锤”）。小伙伴们常常两两凑对，眼神盯着眼神，小手对着小手，或拳或掌或剪刀不时变换。现在看《剪刀石头布的博弈》，方知这种游戏最早可追溯到中国汉代，典籍中称其为“手势令”。同样的游戏在日本的历史上也有很多记载，后来它在20世纪初传到欧洲。更上档次的是，这游戏还有“世界剪刀石头布协会”和世界级比赛，伦敦人鲍勃·库珀打败了496人之后获得2006年世界冠军。

一直觉得玩这个游戏就是碰运气。美国一位专家说：如果剪刀石头布是一种公平游戏，“那么鲍勃·库珀一定是这个星球上最幸运的人”。而英国牛津大学的一位数学家观看剪刀石头布比赛后说：如果游戏是完全公平的，那么每个参赛者的获胜几率都是一样的。

然而，为什么总有一些人能够一次又一次获胜？专家告诉我们：要想让剪刀石头布的结果真正随机，那么从数学上讲必须有一个前提，就是参与者甩出来的手势是随机的。但是研究人员发现，人类并不擅长做出随机的动作，人们总是免不了将某种规律暗含在行为中。

通常，很多统计大型调查过后，各种形式和内容的检查、抽查都会伴生，而且选择被检查者多采取随机抽样。随机的核心当然是遵守随机原则，即在抽样时要排除主观地有意识地抽取调查单位，每个被抽取的单位以概率均等的原则，随机分配到实验组与对照组，以使每一个单位都有一定的机会被抽中。

原则，总是很概括很精准，看似也很简单，只要照此办理一切就搞定了。但实际操作起来，有时会遇到许许多多的影响变数。

关于随机，随者，遵从，因而变化也；机者，机遇、机会、可能、说不清的因由也。随机就是说任何结果依概率而定，碰谁即谁，全凭天定。真正随机了，就会避免人为干预，否则结果就没意思了。比如将 30 只动物等分为 3 组，对其中每只动物来说，分到甲组、乙组、丙组的概率都应是 1/3，但如果违背随机原则，不论是有意或无意，都会人为夸大或缩小组与组之间的差别，给实验结果带来偏性。联想统计抽样调查，保证质量的首要关键是避免人为干扰，消除人为干扰的关键就是遵守随机原则。

《剪刀石头布的博弈》披露的一个实验很有趣：把 360 名学生分为 6 组，每一名学生都会跟他同组的人玩 300 轮剪刀石头布，结果表明，从总体上来看剪刀、石头和布出现的次数基本是相等的，就像是随机得到的结果。然而仔细分析数据则发现了一个有趣的规律：如果参赛者在一轮游戏中获胜，那么在下一轮他会倾向于更频繁地使用获胜手势，而失败者则倾向于换一个手势。科学家发现人们在无意识中采用了“赢则留、输则变”的策略，这被称为“条件响应”。在抽样调查中，要警醒这种策略或说“条件响应”，屏蔽那种“合我者取，不合我者舍”的伪随机。库珀曾这样讲解剪刀石头布的秘密：“它不是要你预测对手将甩出什么手势，它是要你预测对手对你会甩什么手势做出何种预测。”套用库珀句式说统计抽样之事，是否可以这样说：随机抽取被检查对象的目的不是要它符合某种人为的意志，而是要它符合公平、科学和客观的随机精神。

随机精神至为重要。我们玩剪刀石头布的游戏不过为了争个输赢，而科学家研究剪刀石头布的博弈则透露出随机的含义所在。台湾统计学者谢邦昌在他的《统计与人生》一文中这样概括随机抽样：“其代表性——见微知著；其等同机会性——公平无私；其不确定性——尽人事、知天命。”

1900 年，英国统计学家皮尔逊不厌其烦地把一个铜板反复投掷了 24000 次，结果是：正面 12012 次，比例是：0.5005；南非数学家柯瑞屈在第二次世界大战被德国人关在牢里的时候，掷一个铜板 10000 次，结果是正面是 5067 次，比例是：0.5067。这种现象说明什么？说明虽然一种现象的单个结果无法预知，可是如果你多次重复，其结果就会出现有规则的分布，这种现象叫“随机”。

随机现象是人们观察世界得出的事实，而概率则用来描述随机现象的长期规律性。概率论源于赌博的掷骰子。第一个有意识地计算赌博胜算的是文艺复兴时期意大利的卡尔达诺，他几乎每天赌博，并且由此坚信，一个人赌博不是为了钱，那么就没有什么能够弥补在赌博中耗去的时间。他计算了同时掷出两个骰子，出现哪个数字的可能最多，结果发现是“7”。17 世纪，法国贵族德·梅勒在骰子赌博中，有急事必须中途停止赌博。双方各出的 30 个金币的赌资要靠对胜负的预测进行分配，但不知用什么样的比例分配才算合理。德·梅勒写信向当时法国的最具声望的数学家帕斯卡请教。帕斯卡又和当时的另一位数学家费尔马长期通信。于是，一个新的数学分支——概率论产生了。概率的道理渗透在我们生活的方方面面。正如 19 世纪法国著名数学家拉普拉斯所说：“对于生活中的大部分，最重要的问题实际上只是概率问题……整个人类知识系统是与这一理论相联系的。”

剧作家莎士比亚说：“如果我有当国王的机遇，我就能戴上皇冠。”我们常说抓住机遇，机遇看似真是可遇不可求，但某种机遇的不断重复，也呈现出某种规律，而关于机遇的数学概念叫做概率。随机、概率，其概念看似枯燥而深奥，落于具体很生活很有意思，比如：我们无法预测特定的人明年是否生死，但是如果我们观察好几百万人，死亡就是随机的了。那么一个保险公司卖出人寿保险的时候，死亡概率大的人群，理赔的比例必然高，而理赔比例高的人群其保险费当然就要高一些。

关于赌博，文明的说法就是机会性游戏，即靠运气取胜的游戏，这与剪刀石头布非异曲同工。但是从随机和非随机的两面都可以悟出：明白随机道理，对认识人生也大有裨益。人生难测，前程随机，警策人好好把握人生。使人们开始懂得从看似完全不确定的事物中，可以得出有用的可靠的知识和判断。比如掷一枚硬币是出现正面还是反面，一两次的估计只是瞎猜，但是大量的同样一掷，却可以得出可靠的结论——反、正面出现的次数大致相等。由此联想：一个人要获得成功，想一蹴而就的概率微乎其微，但如果执着地努力下去，概率就会不断扩大。用这种统计的思维和哲理诠释人生，生活虽起伏跌宕但会丰富多彩，虽无法预测但也有迹可循、有据可依。

在一本名为《生活禅》的书中，有这样一段富有禅意的话："天地悠悠，谁往这只碗里撇下几点骰子？什么样的筹码，对应什么样的收获？骰子出手，自有它的必然和偶然，碗没有分别，它是冷静的，只是清冷冷地允许这几个点在其中旋转，叮当作响……"如果说，这只碗代表一种环境或一种规则，那骰子出手无论怎样跳跃腾挪，无不在界限和规则中。当今，懂得做人做事的边界，讲究做事做人的规则，多么需要而又多么重要啊！

没有规矩不成方圆。凡事正因某种应有的界限和必须遵守的规则，才得以见高低、见成色、见质量。试想足球世界杯赛假若没有规则，岂止人仰马翻，头破血流都挡不住。回归统计科学的视角，剪刀石头布的非随机博弈也好，投掷骰子的随机赌博也罢，各有各的规则和界限。

局外人看统计多感枯燥乏味，但若真的钻进去、学出来，且能活学活用，这门方法论绝对堪称“善其事”的“利器”。诚如中国统计学家朱君毅在其《统计学概要》中说：“社会情态，变异万端，因果复杂，若无综合化简之术，条分缕析之方，则无从执简以驭繁，溯因而测变。”统计科学就是一种“综合化简之术，条分缕析之方”，好好学吧，学海无涯。

作者简介：

韩际平，国家统计局统计教育培训中心高级统计师。

降水概率的统计解读

刘　凡/文

生活中，有许多事儿需要我们根据并不充足的信息作出选择，从购物到旅行，从择业到约会，从生死到天气，人们总是在估计发生的机率。多数人对生活中的不确定性并不太在意，而统计学的独特之处就在于能对种种不确定性进行量化处理，使之更易于表达和理解。就拿我们生活中每天通过各种途径了解的天气预报来说，大多数情形下，天气预报还是比较准的，但偶尔也会听到抱怨，明明预报今天不下雨，但却下个不停，有时候预报说下雨，却又晴空万里。

其实这种失灵很正常。传统的天气预报一般预报“有雨”或“无雨”，但天气是24小时不断变化的，具有不确定性，因此预报就不可能绝对地准确。天气概率预报，就是对这种不确定性的量化解读。

天气概率预报就是用概率值表示未来某天某种天气出现的

可能性的大小，它所提供的不是某种天气现象的“有”或“无”，而是天气现象出现的可能性有多大。比如降水概率，其概率值为0～100%，百分率越大，降水天气出现的可能性越大。降水概率预报一般情况是：晴，概率0，为不可能出现降水；晴到多云，概率在10%～20%之间，降水的可能性很小；多云、零星降水或局部有降水，概率在30%～50%之间时有机会出现降水；降水，概率在60%～70%之间，降水的可能性比较大；概率大于等于80%时，降水的可能性很大；概率100%则肯定会出现降水。

天气概率预报既反映了天气变化确定性的一面，又反映了天气变化的不确定性和不确定程度。相对于传统天气预报来说，这种天气概率使天气预报的发布形式从“非有即无”转变为“亦有亦无”，从确定性预报转变为非确定性预报，更接近于“有一说一”“实话实说”。

概率是最基本的统计概念之一，它的直观意义是指一件事情发生的可能性。概率说明的是事件发生的可能性的大小，一般在大量重复进行同一试验时，事件发生的频率总是接近某个常数，在它附近摆动，这时就把这个常数叫做事件的概率，也就是这一随机事件出现的可能性的量度。降水概率有两种概念：一是指某地的历史气候降水概率，完全是依据历史气候统计资料计算分析得出的结果，比如某一天的降水概率，就是说历史多年来，该日降水的总数除以年数所得的百分数。例如，从1963年到2014年50年的资料显示，7月1日这一天某地下了30次雨，那么2014年7月1日该地的降水概率就是60%。二是气象分析师依靠各种知识、信息和技能对未来天气进行分析后，对某时间段降水可能性给出的判断，通过降水概率值来表示。这两种概率值的取值区间都是从0～100%，但其意义和计算方法都有所不同。历史气候降水概率是根据历史资料计算得出客观统计值，只要资料区间确定了，结果是唯一的。天气概率预报结果则有较大不确定性，受资料、技术、知识、方法、经验等多方面因素影响，不同的气象分析师可能会得出不同的概率预报值。这两种概念中，我们所熟悉的“降水概率”即来自后者，说白了就是个“经验活儿”。当然，这个经验可不是张口就来的，气象分析师要看历史资料，看近期天气，看雷达回波、红外图、水汽图、风场、气压场和水汽形势等，综合各种分析得出概率值。

客观而言，天气概率预报是一种比较完整的信息，将气象分析师对预报结果的真正把握性毫无保留的呈现出来，但却带来了理解、接受以及使用上的问题。我国1995年开始引进天气概率预报，但结果却不理想，究其原因，既有大众的理解和接受问题，也有宣传和知识普及层面问题。如果天气预报简单地说明天下雨或者不下雨，大家很容易听懂，但实际上这一描述并不准确，也不完整。可是如果更严谨地将明天的降水描述为降水概率时，又有很多人听不懂甚至误读，导致概率预报的实际效果不佳。比如“降水概率 20%”，可能误读为一天中 20%的时间段有降雨，或者是该地区 20%的空间会下雨等等。但农业、旅游、电力、交通等对天气敏感度较高的行业更为欢迎概率预报，主要是他们清楚的知道不确定性的信息并非无用信息，不确定性的信息可以通过专业的手段进行分析处理，以便做出科学合理的决策，安排生产和布局。

最想讲真话但总是讲不准，这正是气象部门天气预报所折射出来的现实问题。马克·吐温曾说：“每个人都谈论天气，但是很少有人为它做点什么。”或许，通过对降水概率的统计解读，能为大家读懂天气做点什么。

作者简介：

刘凡，国家统计局江西调查总队财务管理处处长、高级统计师。

概率那些事

刘晓红/文

在社会和自然界中，我们可以把事件发生的情况分为三大类：在一定条件下必然发生的事件，叫做必然事件；在一定条件下不可能发生的事件，叫做不可能事件；在一定条件下可能发生也可能不发生的事件，叫做随机事件。在数学上，我们把随机事件产生的可能性称为概率。严格说来，概率就是在同一条件下，发生某种事情可能性的大小。概率在英文中的名称为Probability，意为可能性。我们来看看生活中的几个概率事件。

下一个赢家真是你吗

花上几元钱，买一张彩票，然后就中了几百万元乃至几千万元的巨额奖金，这大概是很多人梦寐以求的事。可是这样的机会有多大呢？答案可能会令我们大吃一惊。

“下一个赢家就是你!”这句响亮的极具蛊惑性的话是香港六合彩票的广告词。买一张六合彩票的诱惑有多大呢?只要你花上5港币，就有可能获得18万港币（香港历史上最低的头奖）以上的机会。

小小的投资竟然可能得到数额巨大的奖金，怎能不让人动心。很多人都会想：也许真如广告所说，下一个赢家就是我呢!因此，自从1976年六合彩票开始发行到现在，香港超过90%的成年人购买过这种彩票，并且也真的有数以百计的人成为百万富翁。如今在世界各地都流行着类似的游戏，在我国也发行了各种福利彩票、体育彩票，充满诱惑的广告满天飞，而报纸、电视上关于中大奖幸运儿的报道也热闹非凡，吸引了不计其数的人踊跃购买。很简单，只要花上几元钱，就可以拥有这么一次尝试的机会，不妨试一下自己的运气。

但一张彩票的中奖机会有多少呢?让我们以香港六合彩票为例来计算一下。六合彩票的规则是49选6，即在1至49的49个号码中选6个号码。花5港元买一张彩票，你只需要选6个号。在每一轮，有一个专门的摇奖机随机摇出6个标有数字的小球，如果6个小球的数字（数字没有先后顺序）都被选中，就获得了头等奖。可是，当我们计算一下在49个数字中随意组合其中6个数字的方法有多少种时，我们会吓一大跳。

从49个数中选6个数的组合有：

$$C_{49}^{6}=49\times48\times47\times46\times45\times44=10068347520$$

选出的6个数字随机排列的组合有：

$$P_{6}^{6}=6\times5\times4\times3\times2\times1=720$$

49个数字中6个数字随意组合的概率为：

$$P_{6}^{6}/C_{49}^{6}=720/10068347520=1/13983816$$

这就是说，假如你只买了一张彩票，6 个号码全对的机会是 1/13983816，这个数小得已经无法想象，大约相当于澳大利亚任何一个普通人当上总统的机会。如果你每星期买 50 张彩票，你赢得一次大奖的时间约为 5500 年；即使每星期买1000 张彩票，也大致需要 270 年才有一次 6 个号码全对的机会。因此，获奖仅是我们期盼的偶然而又偶然的事件。

那么，为什么总有人能成为幸运儿呢？这是因为参与的人数是极其巨大的，人们总是抱着撞大运的心理去参加。孰不知，彩民们就在这样的幻想中为彩票公司贡献了巨额的财富。

直觉也会出错

彩票是否中奖就是个典型的概率事件，但概率不仅仅出现在类似买彩票这样的赌博或游戏中。在日常生活中，我们时时刻刻都要接触概率事件。比如，天气有可能是晴、阴、下雨或刮风，天气预报其实是一种概率大小的预报；今天某条高速公路上有可能发生车祸，也有可能不发生车祸；今天出门坐公交车，车上有可能有小偷，也有可能没有小偷。这些都是无法确定的概率事件。

由于在日常生活中经常碰到概率问题，所以即使人们不懂得如何计算概率，经验和直觉也能帮助他们做出判断。但在某些情况下，如果不利用概率理论经过缜密的分析和精确的计算，得出的结论可能会是错的。举一个有趣的小例子：给你一张美女照片，让你猜猜她是模特还是售货员，很多人都会猜前者。实际上，模特的数量比售货员的数量要少得多，所以从概率上说这种判断是不明智的。

其实，上面所说的彩票问题也反映了人们对概率自以为是的直觉是多么得靠不住。人们在购买彩票时总是只看到那些中了大奖的故事，而不愿去考虑中大奖其实是个最典型的小概率事件，其概率低到根本不值得去买。数学家认为，概率低于1/1000,就可以忽略不计了，而六合彩票中头等奖的概率只有1/13983816,即使是选号范围小一些的彩票，中头等奖的概率一般也要1/5000000，这样小的概率居然还有那么多人趋之若鹜。有笑话说全世界的数学家都不会去买彩票，因为他们知道，在买彩票的路上被汽车撞上的概率远高于中大奖的概率。

人们在直觉上常犯的概率错误还有飞机失事事件。也许出于对在天上飞的飞机本能的恐惧心理，也许是媒体对飞机失事的过多渲染，人们对飞机的安全性总是多一份担心。但是，据统计，飞机旅行是目前世界上最安全的交通工具，它绝少发生重大事故，造成多人伤亡的事故率约为1/3000000，假如你每一天坐一次飞机，这样飞上8200年，你才有可能会不幸遇到一次飞行事故。1/3000000的事故概率，说明飞机这种交通工具是最安全的，它甚至比走路和骑自行车都要安全。

事实也证明了在目前的交通工具中飞机失事的概率最低。1998年，全世界的航空公司共飞行1800万次喷气机航班，运送约13亿人，而失事仅10次。而当年仅美国一个国家，在半年内其公路死亡人数就曾达到21000人，约为40年前有喷气客机以来全世界所有喷气机事故死亡人数的总和。虽然人们在乘飞机时总有些恐惧感，而坐汽车时却非常安心。但从统计概率的角度来讲，最需要防患于未然的，却恰恰是我们信赖的汽车。

小概率事件发生了

在概率论中我们把概率很接近于0（即在大量重复试验中出现频率非常低）的事件称为小概率事件。小概率事件的发生带有一定的偶然性，而小概率事件频发，则说明了一定的必然性。

12年前，有一个小女孩刚初中毕业就去了法国，开始了半工半读的留学生活。渐渐地，她发现当地公共交通系统的售票处是自助的，也就是你想到哪个地方，根据目的地自行买票，车站几乎都是开放式的，不设检票口，也没有检票员，甚至连随机性的抽查都非常少。她发现了这个管理上的漏洞，或者说以她的思维方式看来是漏洞。凭着自己的聪明劲，她利用数理统计知识精确地估算了这样一个概率：逃票而被查到的可能性大约仅为3/10000。

她为自己的这个发现而沾沾自喜，从此之后，她便经常逃票上车。她还找到了一个宽慰自己的理由：自己还是穷学生嘛，能省一点是一点。

4年过去了，名牌大学的金字招牌和优秀的学业成绩让她充满信心，她开始踌躇满志地推销自己。但这些公司都是婉言相拒。最后一次，人力经理对于不予录用她给出一个合理的理由。下面的一段对话很令人玩味。

“女士，我们并不是歧视你，相反，我们很重视你。你一来求职的时候，我们对你的教育背景和学术水平都很感兴趣，老实说，从工作能力上，你就是我们所要找的人。”

“那为什么不收天下英才为贵公司所用？”

“因为我们查了你的信用记录，发现你有三次乘公交车逃票被处罚的记录。”

“我不否认这个。但为了这点小事，你们就放弃了一个多次在学报上发表过论文的人才？”

“不，不，女士。此事证明了两点。一是你不尊重规则。你擅于发现规则中的漏洞并恶意使用。二是你不值得信任。而我们公司的许多工作是必须依靠信任进行的，因为如果你负责了某个地区的市场开发，公司将赋予你许多职权。为了节约成本，我们没有办法设置复杂的监督机构，正如我们的公共交通系统一样。所以我们没有办法雇用你。”

直到此时，她才如梦方醒、懊悔难当。然而，真正让她产生一语惊心之感的，却是对方最后提到的一句话：道德常常能弥补智慧的缺陷，然而智慧却永远填补不了道德的空白。

这个“精明”、“缜密”的女孩是不是该引以为戒，避免不利于其健康成长的小概率事件再次发生呢？

作者简介：

刘晓红，江西省统计局科技环保处调研员。

统计赢得战争

汪　为/文

统计学早已被广泛应用于社会的各个领域，但鲜有人注意到统计和战争的关系，这看似风马牛不相及的两者却有着常人难以想象的紧密关系。统计学的普遍应用改变了现代战争模式，解决了无数原本难以突破的军事难题。利用统计学来扭转战争形势的案例不胜枚举，可以毫不夸张地说，现代战争若要赢得胜利，必须先掌握统计学。

早在第一次世界大战前，统计学已经开始在战争中应用，在1854年的克里米亚战争中，战地护士南丁格尔在统计英国士兵的死亡情况后发现，由于医疗卫生条件恶劣导致的死亡人数大大超出直接阵亡人数。南丁格尔根据父亲（其父威廉·爱德华为统计师）传授的统计知识，将“战斗死亡”和“非战斗死亡”两类死亡人数绘制成统计图表，一目了然地显示了两者人数的悬殊对比，英国政府在社会的强烈反响下迅速建立了世界上第一座野战医院，挽救了无数战士的生命。而南丁格尔绘制的这份类似饼干的图表就是世界历史上的第一份“极区图”，是古典统计学中的经典图表之一。

南丁格尔

第一次世界大战中，统计学的应用进一步显现。英国统计学家兰彻斯特建立了描述做战术双方兵力变化的微分方程组——兰彻斯特方程。德国通过应用概率论和数理统计等统计方法，研究出水面舰艇躲避和击沉潜艇的最优方法战术。

第二次世界大战中，统计学首次被大范围应用于军事，统计学与军事科学空前紧密地结合起来。尤其在美国，通过NDRC（国家防卫科学委员会），全美最有才华的统计学家和数学家们都被集中起来帮助解决战争中日益增多的数字难题，开创了统计学发展的新时代，甚至开辟了运筹学这门新的统计分支学科。

最初统计学只是用来解决具体军事难题。最广为人知的案例是统计学家为盟军评估德军坦克数量。二战中盟军急需掌握德军坦克数量，根据德国人的天性，统计学家知道他们肯定按照出厂顺序给坦克编号，如 1，2，3，……。在统计学家要求下，盟军记录下所有缴获德军坦克的生产编号。这些编号被统计学家组成了一个和总体一致的样本，由此可以用一个非常简单却准确有效的方法估算出德军坦克总数量，即计算出所有缴获坦克编号的平均值（缴获的坦克具有随机性，且数量众多，所以我们可以将该均值视同德军所有坦克数量的均值），再用这个平均值乘以 2 就可以得出德军坦克总量，统计学家轻而易举地让德军的高级军事机密无所遁形。

空军和海军同样大量应用统计学来解决军事瓶颈问题，美日交战初期，日军的飞行作战能力大大强于美军，美军作战飞机被大量击落。为提高防御能力需要对飞机的关键部位进行加固，军队原先的做法是先对从战场上返回的飞机进行检查，统计他们受到攻击的部位，然后在最容易遭受攻击的部位安装防弹钢板。这似乎非常正确，但效果却不尽人意，返航率并没有提高，反而因为加重了飞机自身重量影响了飞行灵活性。在统计研究小组介入后，形势迅速扭转，统计学家亚伯拉罕·瓦尔德敏锐地指出，军方的统计样本只包括那些从战场上安全返回的飞机，实际上这些飞机的弹孔部位都是无关紧要的打击部位，最需要加固的恰恰是那些样本飞机中没有遭受打击的部位——驾驶员座位和发动机。按照瓦尔德意见改装后的飞机返航率迅速从 35%上升至 76%。

随着统计学在军事应用的深入，军方开始依据统计理论进行军事基础理论研究。以美军为例，军方当时邀请了全美 11 所顶尖学府的统计学与数据专家加入 NDRC 旗下的统计研究小组（AMP），哈佛大学的统计学教授 G·伯克霍夫为海军研究水下弹道问题，哥伦比亚大学定向研究空对空射击学，维纳和柯尔莫戈洛夫研究火炮自动瞄准仪，图灵破译德军密码。他们的加入不仅大幅提高了军事设施（设备）的精确度，实现了军事设备使用最优化，更创新了军事应用理论，产生了系列新兴军事理论。

杀人心理学也是统计学应用领域之一。长久以来，指挥官们都知道两军对阵射击时，敌人的死亡人数总比预期的少，他们将之归罪于风向、运气和士兵的懦弱。英军统计学家发现事实并非如此，他们通过对作战数据进行大量统计分析发现：二战陆战中盟军只有15%～20%的士兵是向敌军开枪的，大部分人都不是正对着人开枪的；在空战中也是如此，40%的敌机由1%的“战斗英雄”击落，其他99%的飞行员在整个二战期间（5年）只击落了一架敌机，或者还未击伤敌机即被敌人击落。盟军士兵大多都是为了保护祖国自愿加入战场的，但为什么会出现上述情况？在与心理学家的共同研究下，统计学家发现：人类天性上不能杀害同类，只有10%～15%的人可以安然杀人。美军于是组织专家研究杀人心理学，并在对越南战争中的士兵训练中引入了杀人的心理素质培训，以期让普通士兵在战场上也可以杀人，提高杀人效率。

序贯分析法则为盟军节约了大量弹药。二战中军备消耗惊人，如何提高军火质量控制和抽样验收水平成为当务之急。哥伦比亚大学的统计研究小组发现，传统的统计抽样试验步骤繁多，每一步骤取得的数据之间却并无关联，他们都只和最终结论相关。于是他们研究出一种由上一步决定下一步如何抽样以及下一步是否停止的统计抽样方案，这便是现代工业中广泛采用的“序贯分析法”。这一方案的发明，不仅提高了军火质量控制水平，更节省了10倍于AMP的研究经费。

军事边缘参数则是一门让不可能变成可能的神奇学科，它是以概率论、统计学和模拟试验为基础，在常规认为无法克服、甚至容易处于劣势的险恶环境中，通过对地形、气候、波浪、水文等自然情况和作战双方兵力兵器的测试计算，通过计算运筹，利用各种自然条件的基本战术参数高低极限来驾驭战争险象，赢得战争胜利的一门学科。一个经典案例就是巴顿将军登陆摩洛哥，当时巴顿计划率 4 万余美军在 1942 年 11 月 8 日凌晨从海上登陆卡萨布兰卡等地，不料之前刮起大风，大浪使舰艇倾斜达 42 度，接近舰艇翻船的临界点。巴顿不顾总部劝阻，仍按原计划行进并成功登陆，外界纷纷指责这位“血胆将军”拿将士的生命作赌注。实际上，巴顿将军的智囊团在出发前充分研究了摩洛哥海域风浪变化的规律和相关参数，并进行统计模拟得出，登陆期间该海域虽然有大风，但该海域最大浪高波长和舰艇的比例关系不会对整个舰队造成危险。

统计学对战争的改变远不止此，它颠覆性地改变了军事思维，让精确的战争推演变成了现实。在统计学家介入前，美国军事学家对战场的把握还停留在古典统计学时代，在大量的模拟战争中，时常会出现 1/2 作战设备的谬误。例如在一场海战中，舰艇甲在有效射程范围内击中目标的概率为 1/2，当甲舰向乙舰开火后，军方会将乙舰作为“半艘舰艇”继续投入战斗。而实际上，当甲舰开火后，乙舰要么被击中退出战斗，要么毫发无损地进行反击。统计学家要求军方立即停止这种错误的做法，用实际概率计算不同情况下的结果，让作战设想更贴近现实。现代战争中应用的蒙特卡洛模拟，就是统计思维对作战思维的重大影响之一。它让不可能重演的历史变成可能，通过蒙特卡洛模拟，输入数千种随机的先定条件后，通过改变相应的概率分布设定，推演将遭遇不确定的敌人、提前被敌军发现、弹药库着火等意外情况，实现了各种战争场景的准确推演，准确预测出战争失败的可能性。随着简单模拟向复杂交互关系模拟的演化，蒙特卡洛模拟的精确度越来越高。在伊拉克战争中，美军通过蒙特卡洛模拟推测出的逊尼派叛乱规模和潜入巴格达的敌军数量，与实际人数的误差只有1.24%。可以说应用现代统计手段，美军很多时候在战前就知道了战争结果，而且清楚了解每种战争情景下各种对策的获胜几率。

有人说："第一次世界大战是化学战争（炸药），第二次世界大战是物理学战争（原子弹），而现代战争是数学战争（统计学）。"的确如此，统计学在战场全方位的应用，让无数不可能任务变成了可能；统计学对精确到个体的战场预测，让作战室与战场之间的距离消失于无形，统计学已经成为现代战争赢得胜利的关键。

作者简介：

汪为，杭州市经合办高级统计师。

用期望决策法决策“期望”

金　明　寇　莉/文

统计学是研究随机现象统计规律的一门学科，由于随机现象在生产生活等各方面具有普遍性，使得统计学具有极其广阔的应用。

期望的理解——加权平均数

在描述性统计中，数学期望是很重要的一个统计指标，是衡量变量集中趋势的一个因子。

对于离散型随机变量 X，若 X 的分布列为：

表 1　X 的分布列

X	x_1	x_2	…	x_n
P	p_1	p_2	…	p_n

则 X 的数学期望为：

$$E(X)=\sum_{i=1}^{n} x_i p_i \tag{1}$$

其中，x_i（$i=1, 2, \cdots, n$）为随机变量的取值，而 p_i 为随机变量对应的概率（即权系数），所以数学期望就是加权平均数。

例如，一班级评奖学金要根据每个学生的综合得分排名来设定，而综合得分要考虑文化课成绩、体育成绩、德育成绩（都是百分制）三科综合加权来计算，三科所占比例分别为 0.7、0.2、0.1，三科得分分别是 82、75、92，试计算其综合得分。

不难看出，综合得分其实就是三科成绩的加权平均值，即数学期望：

$$E(X)=82\times 0.7+75\times 0.2+92\times 0.1=81.6$$

连续型随机变量 X 的概率密度函数为 $p(x)(-\infty<x<\infty)$，则其数学期望为：

$$E(X)=\int_{-\infty}^{\infty} xp(x)dx \tag{2}$$

很多人很容易理解离散型随机变量数学期望的计算公式(1)，而对于连续型随机变量数学期望的计算公式(2)则不甚理解。对于公式(2)如何理解呢？

这里先探讨一下积分问题。

用定积分定义计算定积分的基本步骤：

1）分割；

2）近似代替；

3）求和；

4）取极限。比如积分 $\int_a^b f(x)dx$ ：

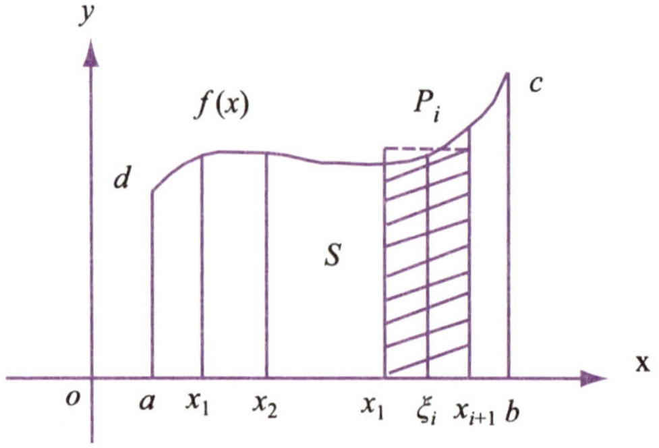

图 1　定积分的计算

其实就是把该不规则图形（$abcd$）分割成 n 个近似小矩形，其中 n 趋于无限大。第 i 个矩形的高为 $f(x_i)$，宽为 Δx，$\Delta x \to 0$，则该积分的几何意义就是计算不规则图形 $abcd$ 的面积：

$$\int_a^b f(x)dx = \sum_{i=0}^{\infty} f(x_i)\Delta x \tag{3}$$

所以公式(2) 可改写为：

$$E(X) = \int_{-\infty}^{\infty} xp(x)dx = \sum_{i=0}^{\infty} x_i p(x_i)\Delta x \tag{4}$$

其中，$p(x_i)\Delta x$ 就是第 i 个近似小矩形的面积，而连续型随机型变量密度函数的区域面积就是其对应区间的概率，所以 $p(x_i)\Delta x$ 就是随机变量 X 在 x_i 附近区间的概率，即：

$$p(x_i)\Delta x = P(x_i \leqslant X \leqslant x_i + \Delta) = P_\Delta(x_i) \tag{5}$$

将公式(5) 带入公式(4)，即得到：

$$E(X) = \sum_{i=0}^{\infty} x_i P_\Delta(x_i) \tag{6}$$

而公式(6) 也是典型的加权平均数。

所以不管是离散型还是连续型随机变量，数学期望的本质就是加权平均数。

生活中离不开期望决策

在实际生活中，我们每个人的一生都有很多问题要去决策：“今天乘坐什么交通工具去上班”“我的闲余资金是存入银行、买股票还是投入余额宝”“我的小孩读不读大学”“读大学我要选择什么专业”“张三的专业是会计，他本科毕业后是考公务员、考研还是找工作”“找工作是去北上广还是其他中小城市”“作为一个男人，是先成家还是先立业”等。许多问题，常常需要在自然、经济、技术、市场等各种因素共存的环境下做出决策。而在这些因素中，有许多是决策者所不能控制和完全了解的。对于这样一类决策问题的研究，风险型决策方法是必不可少的方法。

人们在处理一个问题时，往往面临着某种自然状态，存在很多种方案可供选择，这就构成了决策。自然状态是客观存在的不可控因素，供选择的行动方案称为策略，这是可控因素。选择哪种方案由决策者确定。依据概率的决策称为风险决策。

数学期望在实际生活中有什么用途呢？这里仅举两例，说明数学期望的决策作用。

你还会买彩票吗

买彩票问题是很多彩民非常关注的问题，碰碰运气，一夜暴富也许不是少数人的想法。

为了研究这个问题，现假定你有2元现金，有两种方案可供选择：方案1是买彩票（七星彩），方案2是不买。请给出最优方案。

为了研究问题的方便，只设定中奖情况有两种：全部猜中七位数字，中500万元；其他情况，不中奖。

设买彩票方案为A，不买方案为B，$E(A)$、$E(B)$分别是两个方案的期望效益值。决策收益矩阵为：

表2　买彩票决策收益矩阵

方案	中　奖	不中奖
A	499999 8	−2
B	0	0
概率	1/1000000	999999/1000000

根据期望计算公式：

$$E(A)=(5000000-2)\times 0.0000001+(-2)\times 0.9999999$$
$$\approx -1.5\ (元)$$

$$E(B)=0\ (元)$$

所以判断出不买彩票是最佳方案，其效益期望值为0元。

根据上述结论，平均每花费2元钱买福利彩票，就要亏本1.5元（由于方案中仅仅考虑特等奖，没有考虑一、二、三等奖等情况，实际亏的肯定没有这么多，但“亏”是肯定的）。大家设想一下：如果你拿200元，20000元，2000000元……去买，就要亏150元，15000元，1500000元……

所以，你还会买彩票吗？

对“杯酒释兵权”的解读

“杯酒释兵权”发生在宋朝初期，宋太祖赵匡胤为加强中央集权，同时避免别的将领也“黄袍加身”篡夺自己的政权，接受了宰相赵普的建议，在一次酒宴中，通过威胁利诱的方式要求他的高级军官石守信等交出兵权。一代明君赵匡胤为什么对自己的将领不惜“痛下狠手”呢？（其中不少将军都是赵的绝对心腹，为大宋江山立了汗马功劳。）

其中，开除一个有篡位之心的大臣（方案设为 M），则赵匡胤保住了他的皇位，利益没有受到任何损失；开除一个没有篡位之心的大臣，赵匡胤保住了皇位，但失去一位贤臣，利益损失为 A（A 的大小跟这位贤臣的能力强弱成正比）；如果放任（即不开除）一个有篡逆之心的大臣（方案设为 N），则赵有可能被篡位，由于“皇帝”这个职业的特殊性（这个位置几乎掌握了全国所有的经济、政治、文化资源），从皇位上下岗，往往是丢国丢家甚至丢命，其损失值为 B，B 的值接近无穷大。由于杯酒释兵权等于皇帝兵不血刃地开除了大臣们的公职，皇帝并没有其他效益方面的损失。

令 p_1 是大臣篡位成功的概率。总体来说，p_1 这个概率是很小的。则皇帝的决策收益矩阵为：

表 3 “杯酒释兵权”案例中皇帝的期望收益矩阵

皇帝 \ 大臣	篡 位	不篡位
M（开除）	0	$-A$
N（不开除）	$-B$	A
概率	p_1	$1-p_1$

根据期望计算公式：

$$E(M)=0\times p_1+(-A)\times(1-p_1)=-A+Ap_1$$

$$E(N)=-B\times p_1+A\times(1-p_1)=\begin{cases}A, & p_1=0\\ -\infty, & p_1>0\end{cases}$$

若 $p_1=0$，$E(N)>E(M)$，则不开除是最佳方案；

若 $p_1>0$，$E(M)>E(N)$，则开除是最佳方案。

本身就是通过“黄袍加身”篡夺了后周江山的赵匡胤，吸取了后周灭亡的教训，深刻懂得“兵权所在，则随以兴；兵权所去，则随以亡”，也难免养成了他多疑的性格。

对于多疑的赵匡胤来说，废不废掉一个大臣，关键在于他对 p_1 的判断。如果他认为一个将军篡位的概率 $p_1=0$，$E(N)>E(M)$，即“不开除”是最佳方案，理性的皇帝一般不会无缘无故废掉一个绝无叛逆之心的忠臣的。

对于强势的、多疑的赵匡胤来说，石守信这些手握重兵的将帅，当年发动“陈桥兵变”拥护自己当上了皇帝，难保以后不会再发动类似的政变废掉自己。如果他认为一个将军篡位的概率 p_1 的值不是零，即使 p_1 的值一般很小，比如 1/100 或 1/1000；但是由于丢失皇位的损失值 B 接近无限大，所以不开除的期望值非常小。$E(M) > E(N)$，即开除是最优方案，这时“宁可错杀一千，不可放过一个”。开除这些掌握兵权的老资格将军而提拔一些资历浅、个人威望不高、容易控制的人担任将领，就意味着皇权对军队控制的加强，在此后大宋帝国内部300多年间再也没有发生过一起类似“黄袍加身”的政治事变。

作者简介：

金明，成都信息工程学院统计学院副教授、高级统计师。

寇莉，成都信息工程学院商学院讲师。

机动车牌选号攻略

黄恒君/文

随着人们收入水平的提高，机动车已不再高大上，平民百姓也可选择将机动车作为代步工具——买车的人越来越多。当然，在驾着爱车出行之前，您需要一系列的过关斩将：越来越难的驾照考试、近乎渺茫的摇号中签几率、眼花缭乱的选车过程、可能不太愉快的购车经历，以及缴纳购车税、上保险等与花钱有关的各种麻烦事。除此之外，若不想驾照一次性作废，还需为您的爱车选择一副称心如意、个性化的好车牌。

怎样的车牌算“好”，这个见仁见智：有人随机选号图方便；有人希望连号图顺溜；有人选择对自己有意义的号码图纪念；也有人搬出阴阳五行图吉利。这样的选号攻略“百度一下”一大堆。且不论您心仪的号码能否被选中，即便是选中，在当今机动车限行大行其道的情况下，也不见得“实惠”。

平民购车注重性价比容易理解，选号还要图实惠一说，网上攻略没讲到这事啊。那么，笔者也试图出一个攻略进行补充：在既定的机动车限行条件下，以简单的频数统计分析为选号手段，以此选出车牌给出行带来便利（如多出行、少堵车），让您图到“实惠”。若不信，且看一个特定限行规矩下的用车情景模拟，是非得失由您定夺。

限行规矩与用车情景

凡事预则立，购车需依据实际用途规划。而在处处限行的今天，选择车牌号，也需要用统计知识分析有关对策。但在此之前，您首先得了解国家相关规定的限行规矩，计划好自己的用车年限，以便实现“实惠”选号对策。

车牌号一般由英文字母和数字组成。在国内，涉及机动车限行的城市，车牌尾号一般为数字，限行策略依据车牌尾号进行。各地的具体限行规矩有所差别，但大体类似。咱们就以笔者居住城市（兰州）的限行条件为例展开分析，见表1。

表1　兰州市机动车限行规矩

限行类型	尾号限行	单双号限行
描述	常年实行每日两个尾号的限行措施（不含周末和法定节假日），机动车按照车牌尾数对应的日期依次限行。限行组合分别为：1和6、2和7、3和8、4和9、5和0。	当空气污染持续达到一定程度，按机动车号牌尾数，单号单日通行，双号双日通行（含周末和法定节假日）。

表1的限行规矩需要一些直观的解释。对于尾号限行而言，

倘若您的车牌尾号为1或6，则每月1日、6日、11日、16日、21日、26日、31日您不能驾车出行，其他尾号以此类推。单双号限行则取决于空气质量状况，具体时间由实际天气确定。但2013年11月至2014年7月不到一年时间，兰州市单双号限行天数约120天。

我们首先假想一个用车情景：购置一辆机动车，从2014年7月20日起开始使用，计划使用10年。鉴于限行规矩，购车选号时得讲究一些“实惠”对策。

图实惠选号攻略——频数统计法

规避限号的完美解决方案是购置5辆车，每辆车上用不同尾号的车牌。当然，这对于普通百姓来说是不现实的，倘若您只能拥有一辆车，咱们就可以用频数统计说道说道。

何为频数统计？直白地讲，就是把某个变化的事物划分为若干种情况，把各种情况下的数量清点出来并搁到一起进行比较。“划分”，是统计分组的内容，包括离散和连续的情形；“清点”，实际上就是数数或计比例，这个谁都会，当然数量多了还得求助计算机；“搁到一起”，主要有统计表和统计图两种形式。

这里分析的限行，所涉及的各种情况无非是日期尾数和车牌尾号，属离散情形，且无大小可言。因此，对计数的结果，用条图表现比较直观。所谓条图是一种统计图，其横轴表示事物的各种情况，纵轴表示每种情况下的数量或比例。

首先，从日期尾数来看哪些尾号在限行期间容易受限。直观经验告诉我们，每月的日期顶多有31日，必然不出现32日、33日等。是不是以1结尾的日期比较多？咱们就把计划用车10年内所有的日期尾数“抠”出来，依据尾号限行规矩，去掉周六、周日对应的日期（法定节假日可能每年有所差异，咱们不作处理），然后数一下各个尾数的数量，得到条图如图 1 所示。

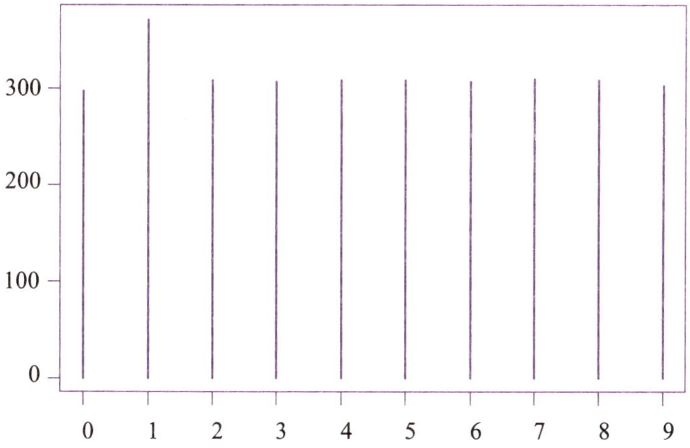

图 1　日期尾数统计

图 1 的统计结果告诉我们，各个日期尾数的数量基本均衡，唯独日期尾数为 1 的天数冒尖，远多于其他日期尾数（约多出 70 天）。因此，要想少受限，车牌尾号为 1 应该不是您的菜，而与 1 搭档的尾号 6 自然也就被理性掉了。

其次，驾驶愉悦感、经济性均取决于路况优良与否。可路况和车牌尾号又有什么关系呢？若车牌尾号是均匀分配的（每个尾号占 10%），则路况与车牌尾号确无关联。然而，经验告诉我们，人们普遍存在数字偏好，例如，爱发（8）喜顺（6）、害怕死（4）期（7），还不愿承认自己“2”。这种数字偏好就有可能体现到车牌尾号上来。试想，若某个尾号（如 8）的机动车数量远超 10%，则尾号 8 限行当天道路上机动车数量相对少；反之，若某个尾号（如 4）的机动车数量远低于 10%，则尾号 4 限行当天道路上机动车数量相对多。从实惠角度讲，选号原则就很明确了。

真实情况是否有这样的数字偏好呢？咱们同样得用频数统计的方法，数据由笔者从车辆管理部门调研获得，加工形成结果如图 2 所示。与图 1 不同的是，此时横坐标依据尾号限行规矩进行了组合，纵轴标采用比例，而不是绝对数量。

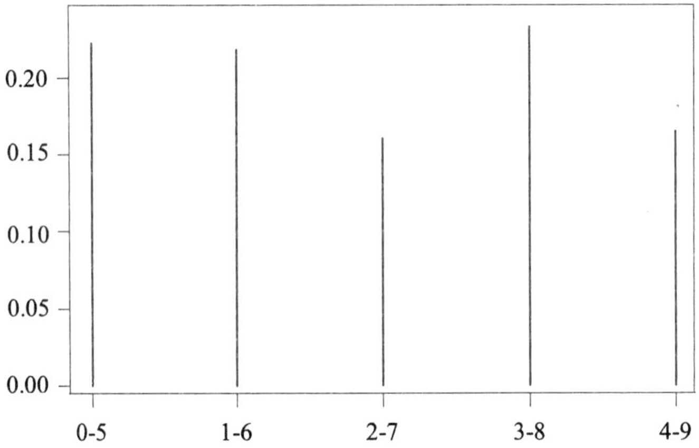

图 2　机动车尾号统计

理论上讲，若不存在数字偏好，则图 2 中尾号比例均应接近 20%，车牌尾号均匀分配。而事实上，图 2 的结果显示了明显的数字偏好特征。按照反其道而行的选号原则，符合“实惠”标准的可选尾号为 2 和 7、4 和 9。若按此选择尾号，在您的爱车限行时，道路上的机动车相对多，而在您的爱车不限行时，道路上的机动车相对少，何乐而不为呢？

当然，对于图 2 中所使用的数据，您可能头皮发麻，谁也不爱与车管所打交道。其实大可不必，您只需在不同的限号时间到路上跑一跑，或咨询几个资深出租车司机，了解一下拥堵情况，甚至也依据当地人们的数字偏好作出一个猜测，图 2 中的数据就很容易得出来，且八九不离十。

最后，咱们来兼顾一下单双号限行。由于限行时间由“天”定，事先确实不太容易作出长时间规划。然而，经验再一次告诉我们，人们对单号或双号，并不存在明显的偏好。实际上，对图 2中车辆管理部门调研数据作单双号分组可以得到，单双尾号机动车比例为 50.25∶49.75，单双尾号数量基本平衡。考虑到图 1 日期尾数数量的单双差异，依据兰州市“单号单日通行，双号双日通行”的规矩，要进一步往细里扣死理，可能选择单号更为有利，即 7 和 9。但单双号数量差异并不太大，更多应该依据可共同用车的同事、朋友，依据他们车牌的尾号，错号选择单双。

前面我们通过对日期尾数和车牌尾号的简单频数统计分析，得到的结果是，从多出行、少堵车的实惠角度看，机动车尾号为 2、7、4 或 9，在兰州市是比较不错的选择。当然，您所生活的城市有着自己的限行规矩，也有着独特的数字偏好。当您吃透您所在城市的固有特点后，统计频数分析可为您的爱车选号提供一种依据。本文的选号攻略仅涉及车牌尾号，与互联网的攻略并不冲突，车牌上还有许多字母或数字，为您选号时图顺溜、图纪念或图吉利留有余地。

当然，无论图什么，也不如多出行、少堵车的实惠重要。退一步讲，若车牌能够让您在路上跑得更顺畅，听起来“2”一点，又有何妨。

作者简介：

黄恒君，经济学博士，兰州商学院统计学院副教授、甘肃省经济发展数量分析研究中心研究员。

统计的魅力

——漫谈统计思维、统计指标和抽样调查

郭　俊/文

美国著名统计学家C. R. 劳说："在终极的分析中，一切知识都是历史；在抽象的意义下，一切科学都是数学；在理性的基础上，所有判断都是统计学。"统计就好像是我们"最熟悉的陌生人"。说熟悉，我们每天都会在电视、手机、报纸上见到有关统计的新闻；说陌生，很多数字、术语、指标，有些人可能茫茫然不知所云，也可能知其然不知其所以然。然而，统计却处处闪耀着智慧的光芒。

统计指标：架起智慧的桥梁

在日常生活中，人们随时面临着选择。人们在做出选择时的心理活动形式是复杂的，可能是感性的，凭直觉进行判断；

也可能是理性的，要借助于思考和推理；大部分时候的选择是综合性的，既靠感性，又依赖于理性。统计指标就是在感性与理性之间架起智慧的桥梁，帮助我们透过现象，认识本质。

关于房价流传最广的就是“牛肉面指标”，牛肉面指标意味着级差地租和租赁价格对房地产市场的决定作用。它是说如果你准备买房子，你要到房子周边商铺的大排档调查一下，如果大排档上卖的牛肉面 4 块钱/碗，那么这个地方标准的房价就应该是每平方米 4000 元；如果牛肉面卖到 6 块钱/碗，那么标准的房价就应该是每平方米 6000 元。如果你发现牛肉面是 5 块钱/碗，而附近的房价只是每平方米 4200 元，那么你可以毫不犹豫地投资；相反，房价就有虚高的成份。

人们在面对许多不确定性现象需作出决策时，其结果是否成功，在很大程度上取决于统计指标是否具有准确的分析和决断。不懂统计的人可能表现出无动于衷，而懂得统计的人却能将眼前的不确定性进行量化，使其精确，进而作出较为明智的选择。

统计思维：开启智慧的钥匙

统计思维类似于数学中的数感、符号感，美术中的美感，以及人们对于音乐的乐感、节奏感等，是一种对给定数据的潜意识反映，面对与数据有关的问题，能本能地从统计角度进行思考。它就像一把金钥匙，得到它，就能为我们打开更多的智慧之门。

看一个有趣的例子：警察向交通事故统计人员报告说：“昨天的暴风雪太厉害了！横扫我们这里，这鬼天气造成了 28 起交通事故，幸运的是，事故不太重，属于轻微的。”交通事故统计人员询问警察：“那请问一下，你们那里晴朗好天气的时候，通常发生多少起交通事故？”警察思考之后回答：“平均是48起吧。”交通事故统计人员根据数字分析在电脑上写道，目前的暴风雪防止了20起轻微交通事故发生。

统计这种独特的思维方式，正贯彻于现代社会不同领域、不同层次的诸多环节。正如一位统计学家所说：“宇宙间万事万物，混混沌沌，但各种事物，不论属于社会的、自然的或实验的，其能以数字事实表现者，均可作为统计的研究对象。”

抽样调查：彰显智慧的魅力

抽样调查是根据部分实际调查结果来推断总体标志总量的一种统计方法，属于非全面调查范畴。它是按照科学的原理和计算，从若干单位组成的事物总体中，抽取部分样本单位来进行调查、观察，用所得到的调查标志的数据以代表总体、推断总体。

我们很多人可能都去过医院体验，医生想对人体血液进行检查，无需对身体内所有血液进行检查，只需要通过血样检验就能了解人体内血液的情况。再来看一个非常熟悉的例子。一位年轻妈妈煮饺子，孩子着急要吃，妈妈说等我尝一尝，妈妈尝了一个，说：好了！孩子边吃边问：“妈妈，你尝了一个怎么就知道都熟了？”妈妈说：“一个熟了，说明其他饺子也熟了。”

抽样调查的核心思想是在某一类事物中，只选取其中一小部分，根据这一小部分的情况来判定整个事物的情况。西方有一名古谚：“你不必吃完整头牛，才知道肉是老的。”中国有一句成语："窥一斑而识全豹。"这两句话提炼出了抽样的魅力所在——检查样本，得知总体。

如今，统计的内容越来越丰富，统计的应用也越来越广泛。大到国家发展，小到柴米油盐，它告诉我们量化的尺度，帮助我们认识大千世界，洞察是非曲直，警示暗流坎坷，预测未来趋势。统计就像指南针，给予我们生活的启迪，给予我们实践的准则，指明我们决策的方向。

作者简介：

郭俊，国家统计局新余调查队综合科科长。

货比三家

——统计综合评价方法在购房中的应用

侯延军/文

比较是统计分析最常用的方法，被誉为“统计之母”。毛主席曾经说过，没有比较就没有鉴别。统计调查是将总体单位的标志值进行比较，然后分类分组，进行汇总的过程。俗话说“货比三家”。购物时，同等质量比价格，同等价格比质量。确定别的因素后，只对单一指标进行对比比较简单。

当然，单一指标对比也要保证指标的可比性，包括内涵外延可比、时间范围可比、计算方法和计量单位可比、总体性质可比。比如，住房价格的比较，要看成新率（使用年限）、看地段、看楼层、看结构、看配套、看环境。对其他因素用修正系数进行修正，住房价格才有可比性。

综合评价分析方法，适用于多指标、多对象，同时进行评价和比较的方法，又称为多变量综合评价分析方法。它的运用，使多个指标多个单位的分析轻而易举。综合评价分析方法步骤：一是确定综合评价指标体系，这是综合评价的基础和依据；二是收集数据，并对不同计量单位的指标数据进行同度量处理；三是确定指标体系中各指标的权数，以保证评价的科学性；四是对经过处理后的指标再进行汇总，计算出综合评价指数或综合评价分值；五是根据评价指数或分值对参评单位进行排序，并由此得出结论。

下面是一个运用统计综合评价方法购房的典型案例。

王小二顺应城镇化大潮，举家迁往城市，他为买房子又犯了愁。近几个月他看了 8 处房源，有 4 套当场否决，但剩下这 4 套他就拿不定主意了。一套是“学区房”，孩子上学近；一套价格便宜；一套楼层低适合老人居住；一套房型好，住着舒服。

王小二为此事而纠结，毕竟买房不是一件小事，不仅要倾尽全家所有储蓄，还要背付贷款债务。一个偶然的机会，遇见了多年不见的熟人老王，向他说出了自己的苦恼。从事会计统计工作的老王一听，运用自己所掌握的统计知识，给他算了几笔账。

首先，针对王小二最为关心的问题，老王结合会计资产评估的多年经验介绍了三种方法。

第一种是成本法。二手房根据原来购买价格及房屋成新率确定；新房根据房屋每平方米造价和楼面地价确定，现在市建设部门公布砖混结构每平方米造价 1000～1100 元，框架结构每平方米造价 1100～1200 元。相对于高企的房价，成本法评估难以使用。

第二种是收益法。当地 120 平方米住房年租金 12000 元，按国际惯例，住房价格应是租金的 40 倍，使用年限 50 年以上的住房，收益法资产评估价值应是 48 万元。

第三种是市场法。从王小二相中的 3 个小区各选一个最近的成交案例：

A 小区五楼顶楼成新率 71.4%，面积 90 平方米，成交价 299800 元。

B 小区三楼成新率 85%，面积 110 平方米，成交价 478000 元。

C 小区一楼成新率 92%，面积 150 平方米，成交价 692000 元。

$$A\ 修正后单价=\frac{299800\times 1.2}{90\times 71.4\%}=5598.5\ (元/平方米)$$

$$B\ 修正后单价=\frac{478000\times 1}{110\times 85\%}=5112.3\ (元/平方米)$$

$$C\ 修正后单价=\frac{692000\times 1.05}{150\times 92\%}=5265.2\ (元/平方米)$$

平均成交价=5325.3（元/平方米）

$$成新率=\frac{已使用年限}{预计使用年限}$$

老王与王小二根据他的家庭情况、工作地点，确定9个因素对所需住房进行综合评价：

一看地段。因为房子可以改造，但地段没法改。看一个地段不仅要看现状，还要看发展，如果购房者在地段内市政、交通设施不完善的时候以低价位购房，待规划中的各项设施完善之后，则房产大幅升值很有希望。

二看交通。公路交通是否方便，是否通公交车，有几路公交车，打的是否方便。

三看配套。考虑到王小二有个小孩正在上学，离学校近的学区房成为评价的重点，还要考虑超市、购物中心、农贸市场、银行、邮局、医院的远近，供水、供电、供天然气、供热情况，排雨水、排污水、垃圾清运情况，通讯网络、有线电视情况等。

四看价格。毛胚房要加上达到入住条件的装修价格，二手房价格要按成新率、楼层修正后，再与评估均价比较打分。

五看适用。看户型设计是否合理，有无明显设计或是施工错误，光照、通风、隔音等效果如何。

六看安全。看建筑是砖混结构还是框架结构，抗震设防等级，看用电、用天然气设备安全防护措施等。

七看环境。看容积率和绿化率，人均绿化面积，园林绿化的档次；看室外噪音，不能离学校、农贸市场或交通主干道太近；看室外污染，附近是否有污染的化工厂；看物业管理及周围环境卫生；看小区空地是否硬化或绿化。

八看经济性能。看是否节能，住房是否用聚苯乙烯泡沫板或玻璃棉等材料进行保温隔热处理，暖气用热量是否分户计量收费，住顶楼，阁楼是否有效利用，阁楼的暖气耗费也是不小的开支；看是否节水；看物业管理费能否承受。

九看耐久性能。看住房是砖木结构、砖混结构、框架结构还是剪刀墙结构；看地基基础是条形基础、筏型基础还是桩基基础；不同的地基基础和主体结构有不同的设计使用年限和不同的建筑工程造价；看上水、下水、供电、供天然气、供暖所用设备管道材料及施工质量；检查厨房、卫生间防水效果，是否漏水、渗水；一楼要看防潮效果，顶楼要看是否漏雨；看门窗质量及密闭性；看装饰装修质量等。

将 9 个因素赋予适当权重，然后对所选中的房子逐一进行打分，最后加权平均得到一个数值，数值越大，说明这套房子越适合购买。

老王与王小二及家人经过充分沟通，了解他们的需求，对住房 9 个变量根据重要性确定了权数，又与王小二一起对他相中的 4 套住房进行实地查看，查阅资料，逐一进行打分，最终确定了一套满意的房子。

作者简介：

侯延军，山东省垦利县城市社会经济调查队会计师、统计师、高级经济师。

智商测验中的统计身影

刘文婧/文

青少年对血型、性格、心理等测验十分热衷，比如智商，就是小伙伴们常常谈论的话题，但大家对智商测验中使用的统计方法却并不太了解。如果我们了解一下常模、常模团体、常模样本和标准化样本等概念，就会对智商测验等心理测量有一个更为科学的认识，从而能更理性而不是盲目地对待自己的智商测验结果。

智商即智力商数，英文简称 IQ（Intelligence Quotient），主要是指人们认识客观事物并运用知识解决实际问题的能力，具体来讲是指数字、空间、逻辑、词汇、记忆等能力，也有称智慧、智能的。智力的高低通常用智力商数来表示，用以表示智力发展水平。智商测验由法国的比奈和他的学生发明，根据这套测验的结果，正常人的智商，大多数人都在 85～115 之间，一般人平均智商定为 100。那么，这平均水平是怎么得来的呢？

这要从“常模”这个心理学研究领域里心理测量中常用的概念讲起。

在心理学研究上，做任何一个测验，其分数必须与某种标准比较，才能显示出它所代表的意义。常模就是一个供比较的标准，由标准化样本测试结果计算而来，即某一标准化样本的平均数和标准差。它是心理测评用于比较和解释测验结果时的参照分数标准，即个体的得分与常模比较才可以判断成绩高低。常模根据样本特征可以划分为：按年龄建立的年龄常模，按地理区域建立的全国常模或地区常模，按职业划分的大学生常模、军队常模、企业常模等。常模是一个相对数量，不是一种固定不变的标准，会随着时间和空间的变化而变化。

常模标准是建立在常模团体基础上的。常模团体是具有某些共同特征的人所组成的群体，是解释分数时作为参照标准的被试总体。从一个群体中抽取的一个有代表性的样本就是常模样本，它可以代表常模总体，具备常模总体的基本特征。但是，在对测验进行标准化时，由于人力、物力、财力和时间的限制，一般不大可能将常模团体中的所有个体都拿来测验，只能抽取一个常模样本，这个使用的常模样本也叫标准化样本。

常模就是由标准化样本测试结果计算而来的，其形式根据不同的情况可以有不同的选择。比如，均数做常模，标准化样本的平均数就是衡量标准，简单易行；而标准分作常模，不仅能显示与样本平均水平的差距，还能说明相差几个标准差，离差智商就是一种标准分常模。例如，某个常模样本在测试中取得的平均分为20，通过计算得到该组人群所得分数的标准差为4，那么某分数为28的人的智商就是：100＋15×（28－20）/4＝130。百分位是另一类常用常模，只需将成绩从低到高排列，计算出样本分数的各百分位范围，再将测试成绩与常模相比较得到其排列的位置，比如测试成绩是P40，说明样本中60％的人成绩好过测试者。划界分则主要是针对不是正态分布的样本，用某一具体量数，对评定结果进行划界。当然，除了以上常用常模之外，还有前面说过的年龄常模、区域常模、职业常模等特质常模。从可比性看，常模越特异越有效；从适应性讲，则通用常模更方便。

资料显示，在典型的智力测验中，设定主体人口的平均智商为100，根据统计原理，一半人口的IQ介于90～110之间，其中在90～100和100～110的人各占25％；IQ在110～120的占14.5％；在120～130的人占7％；130～140的人占3％；其余0.5％的人IQ在140以上，另有25％的人在90以下。看完这些，或许你对智商测验中运用统计方法所得到的结果就更信服了。

作者简介：

刘文婧，江西师范大学附属中学高三学生。

不以规矩　不成方圆

王国钧/文

大家经常可以在广播、电视上听到各种各样的统计数据，这其中大部分是政府统计部门的工作成果。那么，政府统计部门是以什么为保障来获取这些数据并保证这些统计数据质量的呢？“依靠规矩！”，您说对了。早在2300多年前，孟老夫子就说过，“不以规矩，不成方圆”。然而，统计工作的“规矩”是什么呢？

有人说是《统计法》，OK，您说对了一半。“只对一半？那另一半是什么？”您甭着急，听我慢慢道来。简单说，统计工作的规矩，就是统计法治！统计法治？您写错了吧？我们过去都是写成统计法制，说得具体一点，就是统计法律制度。没错，应该是统计法治。从法学的角度来说，法治体现了法律至高无上的地位，任何人都需要遵从法律，同时也体现了一个治理过程，即通过法律主体的良性互动，共同促进法制的完善和执行。

古希腊伟大的哲学家、科学家和教育家亚里士多德曾经就什么是法治，下了一个简明扼要的定义，他说，所谓“法治”必须符合两个条件：一是法律是良法，二是这个良法得到普遍的遵从。说到这里，您明白了吧？在现代社会中，要保障统计工作顺利开展，必须要有反映经济和社会发展要求的统计法，同时这个统计法必须得到公正一贯的执行。其实，早在1997年召开的中国共产党第十五次全国代表大会，就将依法治国确立为治国基本方略，将建设社会主义法治国家确定为社会主义现代化的重要目标。1999年，将“中华人民共和国实行依法治国，建设社会主义法治国家”载入宪法。在党的十八大报告中还提出“提高领导干部运用法治思维和法治方式深化改革、推动发展、化解矛盾、维护稳定能力”的要求。实行统计法治的重要性，您理解了吧？

说到这里，细心的读者可能会发现，刚才我所写的统计法怎么没有打上书名号？谢谢您的关注，但这不是我的疏忽。在我国，打上书名号的《统计法》，一般是指1983年12月8日第六届全国人民代表大会常务委员会第三次会议通过的《中华人民共和国统计法》，这部法律后来又分别在1996年5月15日和2009年6月27日进行了修订。而不打书名号的统计法，是指包括《统计法》在内的一系列统计法律、法规、规章，如《统计法实施细则》《全国人口普查条例》《统计违法违纪行为处分规定》等。对于一个地方来说，还包括省、自治区、直辖市人大和国务院批准的较大的市人大制定的地方性法规及其政府制定的政府规章，如2014年1月16日江苏省第十二届人民代表大会常务委员会第八次会议通过的《江苏省统计条例》等。

那怎么区分统计法律、法规、规章呢？主要是看制定那个规范性文件的主体是谁。粗略地说，法律是由全国人大及其常委会按照法定程序制定；法规是由国务院和各省（自治区、直辖市）人大以及较大的市人大按照法定程序来制定（其中国务院制定的称为行政法规）；规章是由国务院各部委、各省（自治区、直辖市）以及较大的市人民政府按照法定的程序来制定。从法的效力等级上看，法律最高，其次是法规，然后才是规章。

这几年，通过统计法治的实践，我国不断修改和完善统计法律制度，对于科学、有效地组织统计工作起到了重要保障作用，统计资料的真实性、准确性、完整性和及时性得到了进一步提高，统计在了解国情国力、服务经济社会发展中的重要作用得到了进一步发挥。

有人要问了，作为统计法治的重要因素——如何才能使统计法得到普遍的遵从呢？这个问题问得好！古人说，“天下之事，不难于立法，而难于法之必行”。根据实践经验和理论研究成果，我们认为，要使统计法得到贯彻执行，必须要注重“火炉效应”，以彰显统计法的威严。所谓“火炉效应”，主要体现在“四个效应”上。一是警示效应，大家知道，燃烧的火炉是通红通红，不可触碰的，这是一个基本常识，如果不了解火炉这个特性，非要上去摸一下，那么其后果可想而知。由此，强化对于统计法的宣传力度，彰显统计法的权威和神圣不可侵犯性，增强全社会对于统计法的敬畏意识和守法意识是一项关键性的工作。二是即时惩罚效应，对于火炉一旦触碰，不管是有意还是无意的，也不管有没有其他人在场，必然会被灼伤。因此，对于扰乱统计秩序的行为，必须要及时依法处理，以在全社会形成稳定的心理预期，使“莫伸手，伸手必被捉”成为人们的经验、共识和行为准则。三是长期效应，只要是在火炉燃烧时，不论何时触碰都会被灼伤。即只要是现行有效的统计法律规定，不管你在何时违反，都会受到追究，而没有任何侥幸。四是公平效应，无论何人触碰都会受伤，不论老幼贵贱。因此，在查处统计违法案件时，必须坚持法律面前人人平等的原则。

也许您听说过成吉思汗治军的故事。有一次，这位大汗为考查军纪，命人悄悄在路边抛下一副“金马鞍”，并暗中派人监视。那天天气晴朗，金马鞍在阳光下发出灿烂诱人的光芒，路过的人来来往往，发现金马鞍的也不在少数，但却没有一个人去动它。成吉思汗很是纳闷，最后他让卫兵“捉”来三名路人，亲自询问他们为什么不取走金马鞍。

第一个人说，小民虽然看到那个金马鞍，但并没有想把它占为己有的想法。因为我觉得那是不义之财，不想去取。第二个人说，我是信守诺言的人，大汗订有法规军纪，小人发过誓言，不能违背。第三个人说，大汗对违令者严惩不贷。小民虽羡慕金马鞍，但不敢下手贪为己有，恐惹杀头之罪。

在这则故事里，成吉思汗严明的军纪、严格的管理，构筑了“一不想，二不能，三不敢”的预防屏障，发挥了“火炉”的效应和能量作用。这个故事，启发我们，要保障统计法的贯彻执行，必须要在“不想”“不能”和“不敢”这六个字上狠下功夫。

一是增强统计法治观念，使人不想触摸“火炉”，突破防线。要真正减少违反统计法现象的发生，必须强化教育，提高素质，从根本上解决人的思想观念问题。要通过统计法治的宣传教育，使各级领导和广大统计调查对象，自觉坚持实事求是的思想路线，牢固树立正确的政绩观和科学发展观，确保统计工作的客观真实、准确完整。

二是建立统计法治监督检查的机制防线，使人不能犯。不受监督的权力，必然会产生问题和腐败。要加强对各级领导贯彻执行统计法的监督检查，对于直接、授意、指使在统计工作中弄虚作假者要严厉打击。同时，要完善统计法制，增强统计法的科学性、严谨性和可操作性。邓小平同志曾说过："制度好可以使坏人无法任意横行，制度不好可以使好人无法充分做好事，甚至走向反面。"有了完善的制度和监督制约机制，即使有些人产生了违法的念头，在制度约束下，也不能付诸行动。现在，统计方法制度正在进行改革，各项考核机制和方法逐步趋于完善，我们的任务就是要坚决抓好落实。

三是建立统计法的威慑防线，使人不敢犯。有了"火炉"，对触犯者就必须依法惩治，严厉打击，绝不手软！

作者简介：

王国钧，南京市审计局副局长、党组副书记、高级统计师。